BARCELONA
BILDBANDAUSGABE GESCHICHTE, KUNST UND ARCHITEKTUR

FOTOS: CARLOS GIORDANO RODRÍGUEZ UND NICOLÁS PALMISANO SOSA

dosde

Inhalt

Straßenlaternen an der Plaça Reial
Im Auftrag der Stadt Barcelona entwarf Gaudí 1878 Straßenlaternen für einen der beliebtesten Plätze der Stadt.

Casa Bruno Cuadros
Der chinesische Drache an der Fassade war Reklame eines Schirmgeschäfts.

1 **Die Altstadt**
SEITE 006

2 **Die Hafenstadt**
SEITE 060

3 **Die modernistische Stadt**
SEITE 082

4 **Gaudís Stadt**
SEITE 126

5 **Berg Montjuïc**
SEITE 148

6 **Tibidabo und Zona Alta**
SEITE 166

7 **Das neue Barcelona**
SEITE 180

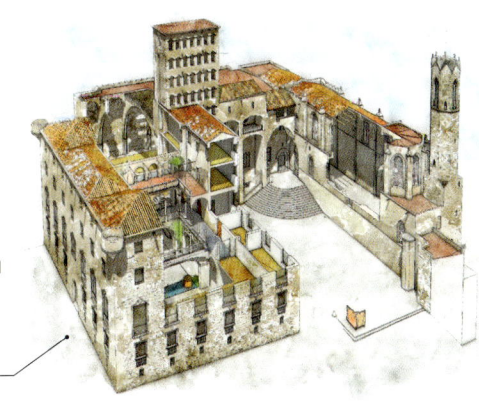

Plaça del Rei

DER URSPRUNG DER STADT
Die Altstadt

1

Barcelonas Ursprung geht auf das Jahr 10 vor Christus zurück, als der römische Kaiser Augustus die Siedlung Barcino auf dem Berg Taber gründete, einem Hügel in einer fruchtbaren Ebene zwischen dem Mittelmeer, dem Gebirge Collserola und den Flüssen Llobregat und Besòs. Obwohl sie zwischen zwei wichtigeren Städten lag – Tarraco (Tarragona) und Emporiae (Ampurias) – wurde die Siedlung dank ihrer guten See- und Landesanbindung zu einer strategischen Enklave, sodass ihre Mauern verstärkt wurden, um ihre Position zu festigen und sie vor möglichen Angriffen zu schützen. Dennoch konnte diese Befestigung nicht verhindern, dass die Siedlung nach dem Zusammenbruch des Römischen Reiches von den Westgoten, Mauren und schließlich von den Franken heimgesucht wurde. Letztere begründeten im 9. Jh. die Dynastie der Grafen von Barcelona. Dank einer ausgeklügelten Bündnispolitik wurde die Stadt im Mittelalter zur Hauptstadt des Königreichs von Aragón und erfuhr ein großes Wirtschaftswachstum, was sich im Bau zahlreicher ziviler und religiöser Gebäude innerhalb der Mauern widerspiegelte. Heute befindet sich dort die Ciutat Vella, die durch ihr architektonisches Erbe hervorragt und wie damals im Mittelalter ein reges Geschäfts- und Kulturleben aufweist.

Zentrum einer Seemacht

Die dynastische Vereinigung des Königreichs von Aragón und der Grafschaft Barcelona im Mittelalter machte aus der Stadt eine der wichtigsten Handelshochburgen des Mittelmeers.

Handelsmacht

Barcelonas wirtschaftliches und demografisches Wachstum im Mittelalter war untrennbar mit der territorialen Expansion der Krone Aragón verbunden, die zwischen dem 13. und 15. Jh. ihr Einflussgebiet auf den gesamten Mittelmeerraum ausweitete. Die von der Monarchie geführten Eroberungskriege – die von einem Bürgertum unterstützt wurden, das begierig Privilegien gewinnen und Märkte erschließen wollte – trieben den Handel und die Industrie der Stadt an. Die Stadtmauern wurden ausgeweitet, um umgebende Siedlungen aufzunehmen und es wurden imposante Gebäude errichtet, um ihren Status als Machtzentrum widerzuspiegeln.

Von Josep Llimona entworfenes Denkmal

→
Priviligierte Lage
Das Meer war Barcelonas großer Pluspunkt für wirtschaftlichen und kulturellen Austausch.

Petronella und Raimund Berengar IV.
Ihre Eheschließung im Jahr 1137 bedeutete die Gründung der Krone Aragón.

1249
IN JENEM JAHR erlaubte König Jaume I. den Barcelonesen, eine autonome Regierungsstruktur zu schaffen.

←
Raimund Berengar III. der Große
Graf von Barcelona (1096 - 1131). Er nahm Cerdanya und die Provence in sein Herrschaftsgebiet auf.

→
Casa dels Canonges
Hier waren ab dem 14. Jh. die Domherren untergebracht.

Wappen von Barcelona

1410
IN JENEM JAHR
starb Martin der Humane, letzter König des Hauses Barcelona. Nach seinem Tod ging die Krone Aragón an das Haus Trastámara über und die Stadt verlor an Bedeutung.

Hafenstauer
Bekannt als Bastaixos. Sie gehörten zu den minderbemittelten Gilden des Hafens.

→
Die Wände
Der Mauer aus der Römerzeit wurde 1260 ein neuer Abschnitt entlang der Rambla hinzugefügt, aber aufgrund des städtischen Wachstums musste im 14. Jh. ein dritter Verteidigungsgürtel um die Viertel Raval und Ribera gebaut werden.

Ständegesellschaft
Die Bevölkerung des mittelalterlichen Barcelonas teilte sich in drei Stände, von denen die einflussreichste eine kleine Gruppe von städtischen Aristokraten war, die mit dem König und der Kirche zusammenarbeiteten, um die Stabilität des Territoriums zu wahren. Unter diesem Adel standen die wohlhabenden Kaufleute, die im Großhandel tätig waren. Die Unterschicht bildeten die Handwerker und freien Berufe. Juden, Arme und Sklave waren von den städtischen Führungsgremien vollkommen ausgeschlossen.

Plaça del Rei

Dieser auf den Überresten der römischen Stadt erbaute Platz, der von mehreren Palastgebäuden umsäumt ist, erinnert durch seinen gotischen Stil an die politische und wirtschaftliche Blütezeit der Stadt im Mittelalter.

Eine Reihe von Bauten

Der Monumentalkomplex des Plaça del Rei beherbergt das Historische Museum und besteht aus dem Palau Reial Major – im 14. Jh. mit der Capella de Santa Àgata und dem Saló del Tinell erweitert, um seiner Funktion als Residenz der Grafen von Barcelona und der Könige von Aragón gerecht zu werden – dem Palast der Vizekönige, der Mitte des 16. Jh. erbaut wurde, und der Casa Padellàs, einst in der Carrer dels Mercaders gelegen. Diese Gebäude gehören zu den führenden Beispielen der gotischen Zivilarchitektur Kataloniens.

Römische Ausgrabungen im Untergeschoss

→
Öffentliche Nutzung
Die Umgestaltungen des Palau Reial Major wahrten die Längsform des Platzes, der Schauplatz von Märkten und Turnieren war.

❸ Galerie
Sie besteht aus Rundbögen.

1302
IN JENEM JAHR begann der Bau der Capella de Santa Àgata.

Achteckiger Turm

Capella de Santa Àgata

← **Wandmalerei**
Der Salò del Tinell ist mit Szenen der Eroberung Mallorcas dekoriert, die im 13. Jh. stattfand.

❹ Salò del Tinell
Im 14. Jh. entworfen. Er wurde zum Schauplatz der Zeremonien des Hofes.

Baixada de Santa Clara

❶ König-Martin-Wachturm
Im 16. Jh. wurde dieser fünfstöckige Hafenwachturm errichtet.

❷ Palast der Vizekönige
Er war ursprünglich die Residenz der Vertreter des Königs.

→ **Capella de Santa Àgata**
Altarbild des Konstabler. Von Jaume Huguet im Jahr 1464 geschaffen.

Capella de Santa Àgata. Königliches Oratorium aus dem 14. Jh.

Plaça del Rei. Ursprünglich ein Hof.

Kathedrale Santa Eulalia

Dieses große Kirchengebäude – das Rückgrat des Gotischen Viertels – ist der Schutzpatronin von Barcelona gewidmet und das Ergebnis eines Bauprozesses, der im Mittelalter begann und erst Anfang des 20. Jh. beendet wurde. Die Kathedrale der Stadt befindet sich auf einem Grundstück, das vorher mit einer frühchristlichen Basilika und einer romanischen Kirche bebaut war. Ihr Bau begann 1298 und wurde erst ca. 150 Jahre später fertiggestellt – mit Ausnahme der Kuppel und der Hauptfassade, die zwischen 1887 und 1913 errichtet wurden. Die üppige Verzierung der jüngsten Elemente hebt sich von der Schlichtheit der mittelalterlichen Struktur ab, bestehend aus einer Apsis mit neun Kapellen und drei Schiffen ähnlicher Höhe, die durch Säulen getrennt sind, die die Kreuzgewölbe tragen. Unter dem Hochaltar der Kathedrale liegt die Krypta, die die Reliquien der Heiligen Eulalia, Schutzpatronin von Barcelona, beherbergt. Auf sie spielen auch die Gänse an, die im Klostergarten leben, der an der Westseite der Kirche im 14. und 15. Jh. angelegt wurde.

Schlussstein
Mit einem bunten Relief, das die Bibelszene der Verkündigung darstellt.

→
Fassade der Kathedrale Santa Eulalia

↙
Altarraum
Durch die Fenster dringt Licht zum Altar.

↓
Heiliger Sebastian
Mit römischer Soldatenrüstung und Pfeilen dargestellt, die auf seinen Märtyrertod anspielen. Er befindet sich an einem der Stützpfeiler der Hauptfassade.

Kreuzgang. Er besteht aus vier Galerien mit Gewölben.

Chorraum. Im 16. Jh. aus weißem Marmorstein gebaut.

Krypta. Hier steht der Sarg der Heiligen Eulalia.

Wasserspeier

Carrer del Bisbe

An der Straße, die den Verkehr zwischen der Kathedrale und der Plaça de Sant Jaume kanalisiert, stehen einige der wichtigsten religiösen Bauten der Stadt und eine Brücke im neugotischen Stil. Die Carrer del Bisbe wurde in der Römerzeit als eine der wichtigsten Straßen des Stadtgefüges gebaut. Im Mittelalter wurde sie durch die Anwesenheit des Bischofspalasts und des Hauses der Domherren - beides Gebäude, die eng mit der Tätigkeit der Kathedrale verbunden waren - zum Hauptschauplatz der kirchlichen Mächte. Im frühen 20. Jh. betonte der Bau einer Brücke im neugotischen Stil - vom Architekten Joan Rubió entworfen, einem Gehilfen von Antoni Gaudí - den monumentalen Charakter der Straße, die ihre Persönlichkeit teils auch der sorgfältigen Verzierung der Fassade des Palau de la Generalitat verdankt.

Innenhof des Hauses des Erzdiakons

→
Schädel
Mit Dolch; schmückt die Brückenträger der Pont del Bisbe.

1928
IN JENEM JAHR wurde die Pont del Bisbe erbaut, um das Haus der Domherren mit dem Palau de la Generalitat zu verbinden.

Bischofspalast
Im 12. Jh. über der römischen Stadtmauer erbaut. Durch mehrere Umbauten entstand ein heterogener Stil.

→
Kragstein
Am Haus der Domherren. Mit einer mythologischen Figur verziert.

→
Haus der Domherren
Die im 20. Jh. umgestaltete ehemalige Residenz der Mitglieder des Domkapitels ist mit Medaillons mit historischen Persönlichkeiten verziert.

←
Basilika Santa Maria del Pi
Im 14. Jh. erbaut. An ihrer Hauptfassade sticht eine große Rosette hervor, die sich vom schlichten Äußeren des Gebäudes abhebt.

↑
Font de Sant Just
Er wurde 1367 eingeweiht und im 19. Jh. umgestaltet. Einer der ersten öffentlichen Brunnen von Barcelona.

❶ **Wasserspeier**
Diese Skulpturen, die an den Gesimsen vieler mittelalterlicher Gebäude hängen, stellen Dämonen wie Monster, Drachen, Löwen, Adler und deformierte Figuren dar.

↑
Plaça de Sant Felip Neri
An diesem Platz thront eine Barockkirche, die die Folgen der Bombenanschläge der Faschisten im spanischen Bürgerkrieg aufzeigt.

Palau de la Generalitat

Der Sitz der katalanischen Regierung an der Plaça de Sant Jaume wurde schrittweise zwischen dem 15. und 17. Jh. erbaut, daher sein irregulärer Grundriss und seine architektonische Vielfalt.

4 200 QUADRATMETER beträgt die Grundfläche des Palasts in etwa.

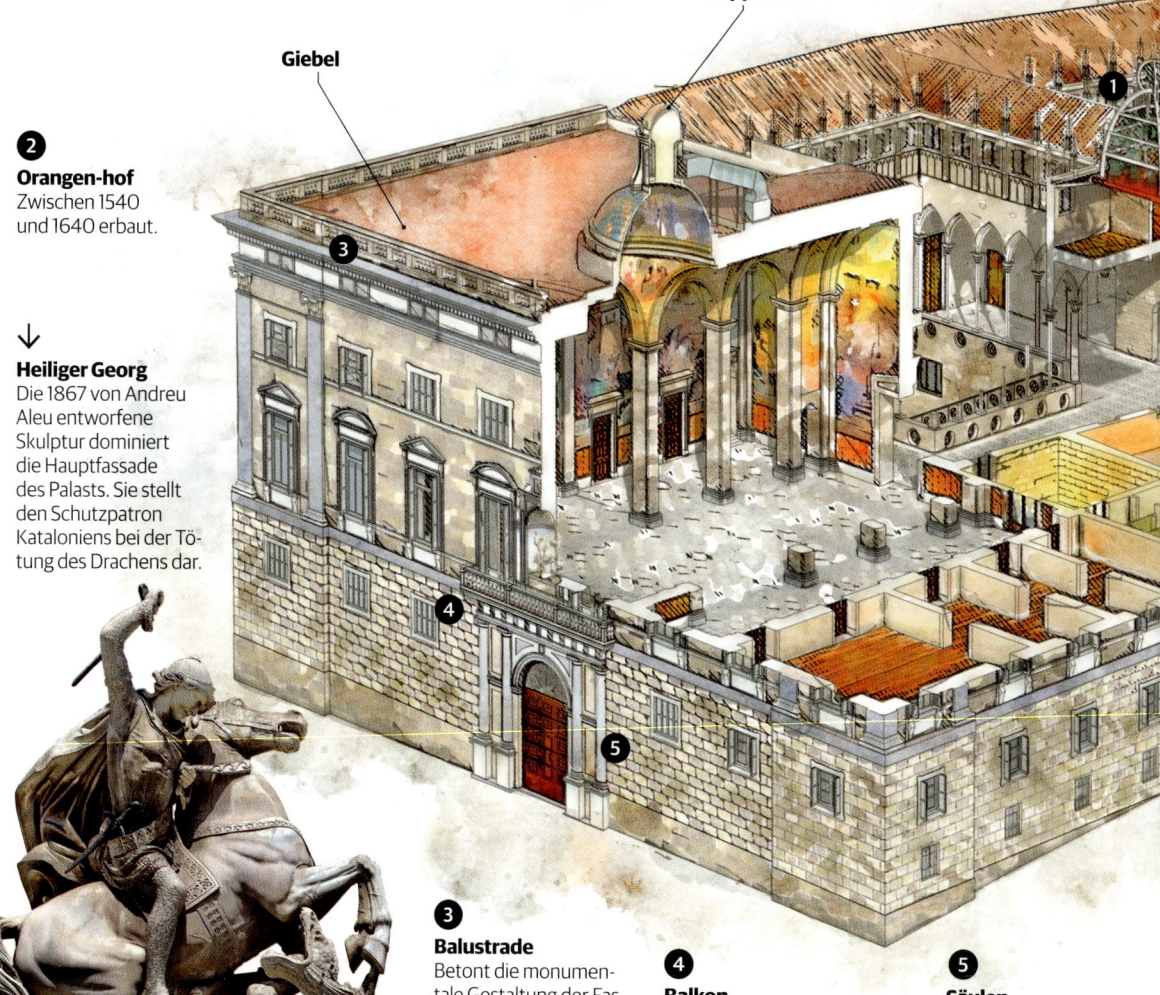

Kuppelform

Giebel

❷ Orangen-hof
Zwischen 1540 und 1640 erbaut.

↓
Heiliger Georg
Die 1867 von Andreu Aleu entworfene Skulptur dominiert die Hauptfassade des Palasts. Sie stellt den Schutzpatron Kataloniens bei der Tötung des Drachens dar.

❸ Balustrade
Betont die monumentale Gestaltung der Fassade, die zur Plaça de Sant Jaume zeigt.

❹ Balkon
Aus Marmor, wurde 1860 hinzugefügt.

❺ Säulen
Ihr Schaft stammt aus der Römerzeit.

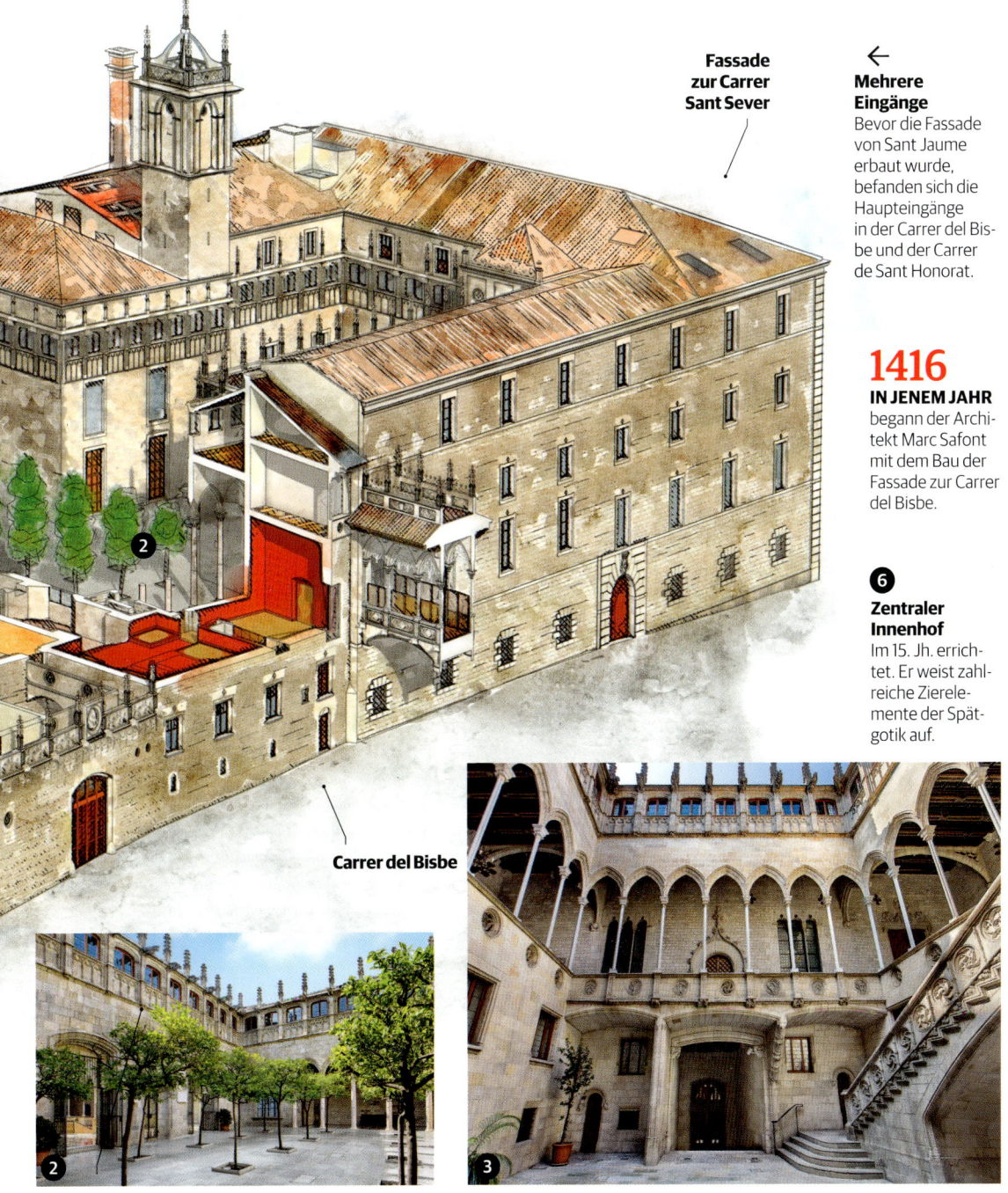

Fassade zur Carrer Sant Sever

← **Mehrere Eingänge**
Bevor die Fassade von Sant Jaume erbaut wurde, befanden sich die Haupteingänge in der Carrer del Bisbe und der Carrer de Sant Honorat.

1416
IN JENEM JAHR begann der Architekt Marc Safont mit dem Bau der Fassade zur Carrer del Bisbe.

❻ Zentraler Innenhof
Im 15. Jh. errichtet. Er weist zahlreiche Zierelemente der Spätgotik auf.

Carrer del Bisbe

Saló de Sant Jordi
Von 1597 bis 1619 vom Architekten Pere Blai erbaut. Einst war er die Kapelle des Palasts, daher sein zeremonieller Charakter.

Schlussstein
Er verziert die Georgskapelle, die von 1432 bis 1434 erbaut wurde.

Gotische Galerie
Aus Spitzbögen bestehend. Sie teilt die Hauptetage auf.

Rosette
Im 16. Jh. in der Georgskappel angebracht. Sie stellt Engelsfiguren dar.

Mittelalterliche Institution
Die Generalitat entstand im 13. Jh. als Delegation der katalanischen Generalstände, also Versammlungen von Vertretern des Klerus, des Adels und der Bürger, die bei der Verabschiedung von Gesetzen und Steuern mitbestimmten. Diese Institution, die ursprünglich für die Verwaltung der Finanzen zuständig war, wurde rasch zum Hauptverwaltungsorgan des Gebiets und wurde zur ausführenden Gewalt (Exekutive).

Stilistische Kombination
Die heterogene Struktur des Palau de la Generalitat ist das Ergebnis der Hinzufügung mehrerer Gebäude, die die Aktivitäten der katalonischen Regierung beherbergen. Die ältesten der in der Carrer de Sant Honorat angesiedelten Gebäude stammen aus dem 15. Jh. und zeichnen sich durch gotische Stilelemente aus. Im 16. Jh. wurden neue Räume gebaut, wie der Orangenhof und der Saló de Sant Jordi, in denen stilistische Elemente der Renaissance eingeführt wurden. Die Hauptfassade wurde 1602 fertiggestellt. Ihre Gestaltung, die von den italienischen Palästen inspiriert ist, hebt sich vom mittelalterlichen Stil der Innenräume ab.

Plaça de Sant Jaume
Dieser Platz – das Verwaltungszentrum der Stadt seit der Römerzeit – erwarb sein jetziges Bild im 19. Jh.

Volksfeste

Die Correfocs, die Castellers und die Parade der Riesen und Großköpfe sind neben anderen katalanischen Bräuchen das Rückgrat der wichtigsten Feste von Barcelona, die teils in religiösen Traditionen verwurzelt sind.

→
Mustafa
Die Basilika Santa Maria del Pi verwendet den Sarazenerprinzen.

↓
Monster
Bei den Umzügen spielen auch fantastische Tiergestalten eine wichtige Rolle.

Mittelalterlicher Ursprung

Die Straßen von Barcelona waren schon im Mittelalter Schauplatz von Festen, als die Pfarreien und Verbände religiöse Prozessionen für ihren Schutzpatron veranstalteten. Auch die Ankunft der Könige oder von wichtigen Adelsvertretern begünstigte verschiedene Freizeitaktivitäten wie Feuerspektakel, Theaterstücke, Tänze und Umzüge. So entwickelte sich ein reiches Universum an Traditionen und Folklore, das seit dem 20. Jh. einen festen Platz im Festkalender hat, wie die Veranstaltungen, die der Jungfrau der Barmherzigkeit und der Heiligen Eulalia – den Schutzpatroninnen der Stadt – gewidmet sind.

1868
IN JENEM JAHR
erklärte Papst Pius IX. die Jungfrau der Barmherzigkeit Schutzpatronin von Barcelona.

→

Großköpfe
Diese Prothesen, die ihren Trägern eine zwergenhafte Gestalt verleihen, erinnern an berühmte Personen der Stadt.

←

Riesen
Im 14. Jh. erstmals bei religiösen Prozessionen dokumentiert. In der Regel stellen sie die Könige und den Adel dar.

La Mercè. Die Plaça Sant Jaume ist einer der Mittelpunkte des Fests.

1399
IN JENEM JAHR
begann der Architekt Arnau Bargués den Bau der gotischen Fassade des Rathausgebäudes in der Carrer Ciutat.

1831
IN JENEM JAHR
entwarf der Architekt Josep Mas i Vila die Fassade an der Plaça de Sant Jaume.

Rathaus

Das gegenüber der Generalitat gelegene Rathaus weist Räumlichkeiten von hohem architektonischen Wert auf, ein Vermächtnis der langen Geschichte der Regierungsinstitution der Stadt. Die Ursprünge des Bürgermeisteramts von Barcelona gehen auf die Gründung des Rats der Hundert im Jahr 1265 zurück, einer Versammlung der Vertreter der Stände, die das öffentliche Leben regelten und die Steuern verwalteten. Diese Institution versammelte sich regelmäßig in unterschiedlichen Teilen der Stadt, aber aufgrund ihrer wachsenden Bedeutung wurde im 14. Jh. ein dauerhafter Sitz geschaffen. Das in verschiedenen Etappen errichtete Gebäude wies die typische Struktur der Herrenhäuser auf, mit einem rechteckigen Innenhof, um den die verschiedenen Räume angeordnet waren. Im 19. Jh. wurde das gotische Gebäude erheblich verändert, indem mittelalterliche Elemente abgerissen und neue Räume hinzugefügt wurden und eine neoklassizistische Fassade an der Plaça de Sant Jaume errichtet wurde.

↑
Wappen
Von Bildhauer Jordi Joan im 15. Jh. entworfen. Das Relief, König Peter dem Zeremoniösen gewidmet, verziert die gotische Fassade des Rathauses in der Carrer Ciutat.

Teppich mit Georgswappen

→
Geflügelter Löwe
Das Symbol des Heiligen Markus ist einer der Wasserspeier, die den letzten Abschnitt der gotischen Galerie schmücken.

←
Fenster
Vom Mittelalter inspiriert. In Antoni Rigalts Atelier hergestellt und 1929 in der gotischen Galerie angebracht.

Wasserspeier

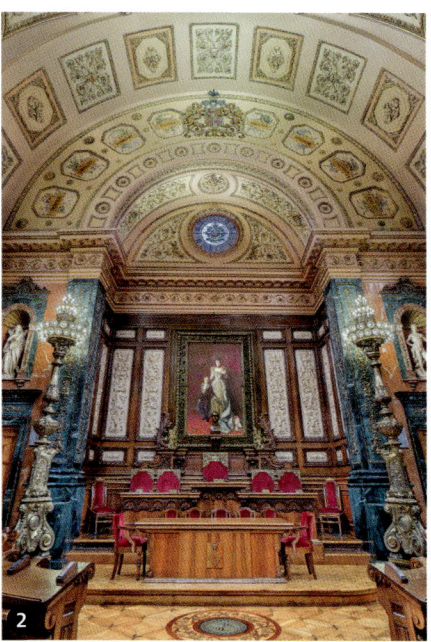

Saló de la Ciutat
Dieses Deckengemälde von Ricard Canals spielt auf die Handelstätigkeit an.

Saló de la Reina Regent
Von Francesc Daniel Molina im Jahr 1860 gestaltet. In diesem halbkreisförmigen Raum werden die Bürgerversammlungen abgehalten.

Ehrentreppe
1894 von Pere Falquès erbaut und 1929 verändert. Sie verbindet das Erdgeschoss mit der gotischen Galerie.

Fenster mit Abbild der Jungfrau

Saló de Cent
Dieser aus einer Struktur von Bögen bestehende Raum, der älteste des Rathauses, wurde 1373 von Pere Llobet errichtet.

Carrer de Montcada

Im 13. und 14. Jh. war sie das Wohnviertel von Barcelonas Adelsleuten. Die monumentalste Straße des Stadtteils La Ribera besteht aus mehreren Herrenhäusern mit ähnlichem architektonischen Aufbau.

Verzierungen
Die Kapitelle der Säulen der Paläste sind mit Pflanzenornamenten verziert und heben sich von der Schlichtheit der katalanischen Gotik ab.

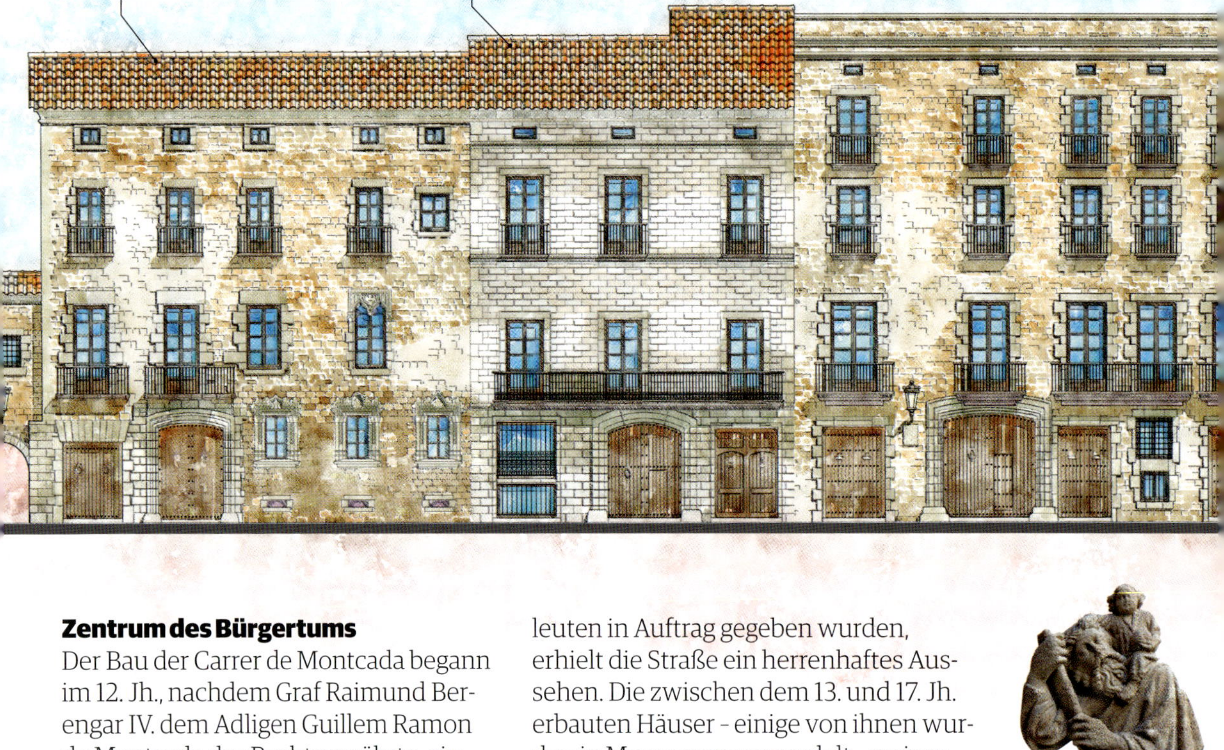

Palau Aguilar ❶

Zentrum des Bürgertums

Der Bau der Carrer de Montcada begann im 12. Jh., nachdem Graf Raimund Berengar IV. dem Adligen Guillem Ramon de Montcada das Recht gewährte, ein Grundstück nahe der Vorstadt Vilanova de la Mar zu bebauen. Durch den aufstrebenden Seehandel und dank der Wohnhäuser, die von Aristokraten und Kaufleuten in Auftrag gegeben wurden, erhielt die Straße ein herrenhaftes Aussehen. Die zwischen dem 13. und 17. Jh. erbauten Häuser – einige von ihnen wurden in Museen umgewandelt – weisen die typische Bauweise der katalanischen Gotik auf, die auf schlichten Fassaden und einem zentralen Innenhof zur Verbindung der Räume beruht.

→ **Details**
Mauern, Türen und Fenster der Paläste weisen dekorative Motive auf, die auf die Abstammung der Bewohner hinweisen.

→ **Skulptur**
Ziert eine Wand des Palau Aguilar.

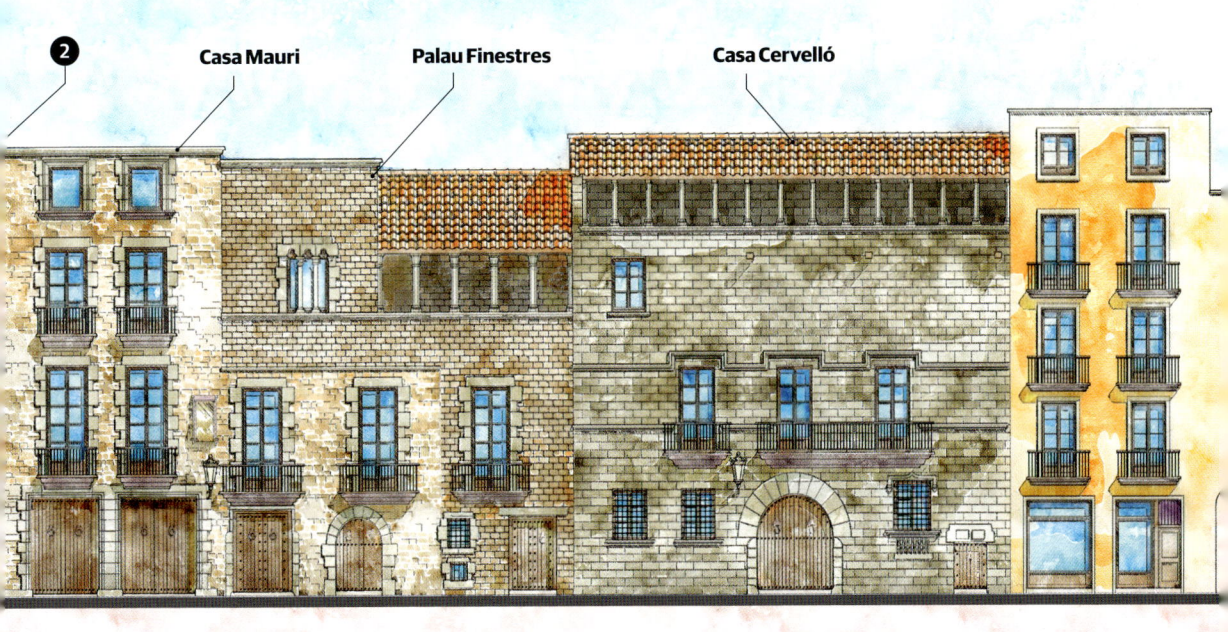

← **Wappen der Familie**
In Stein gemeißelt.

❷

Casa Mauri **Palau Finestres** **Casa Cervelló**

❶
Palau del Baró de Castellet

❷
Palau Meca

→
Innenhof des Palau Dalmases

1930
IN JENEM JAHR
begann die Erneuerung der Straße, die seit dem 19. Jh. ziemlich verkommen war.

← **Carrer de Montcada**

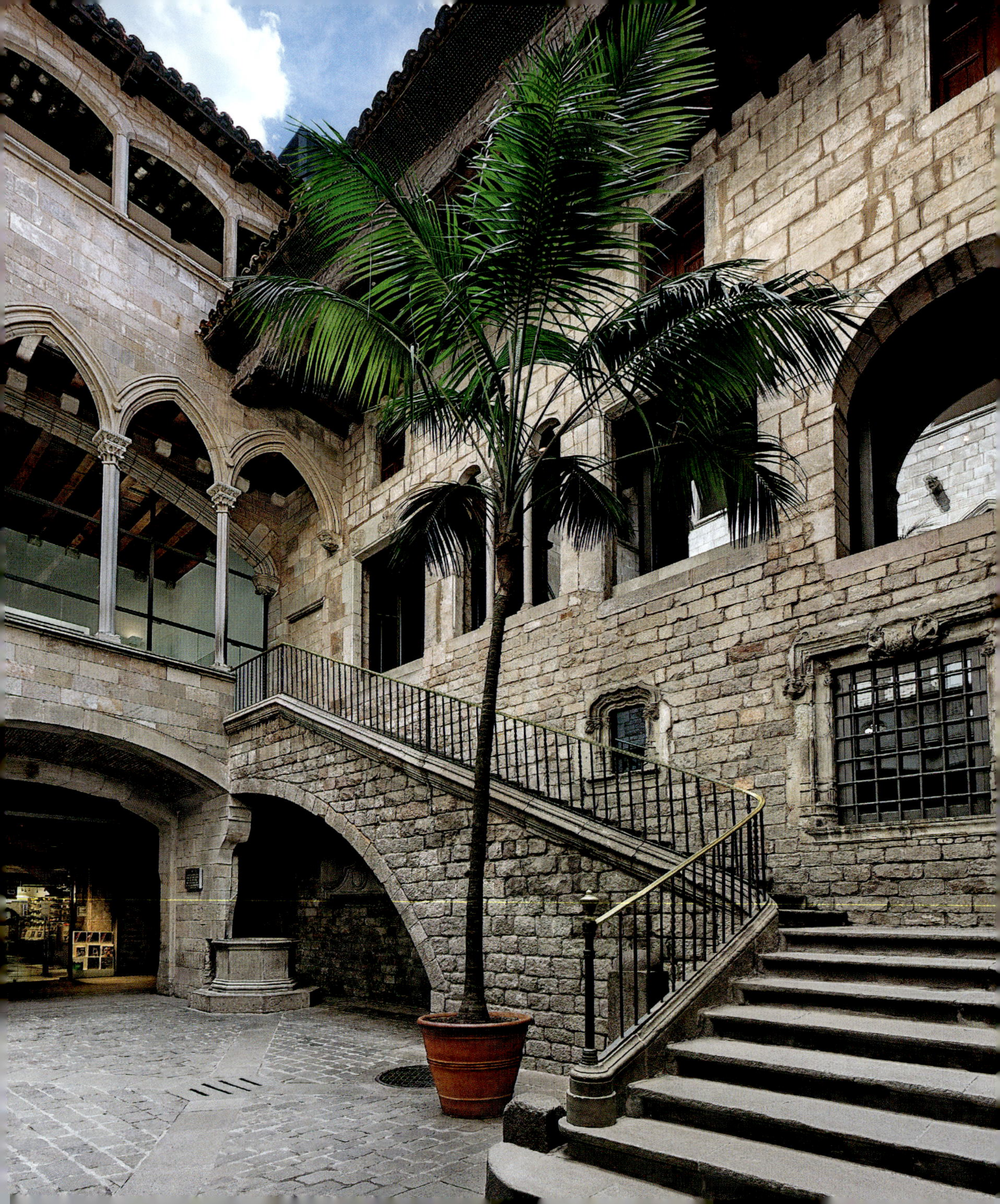

← **Picasso-Museum**
Auf die prägenden Jahre des Malers Pablo Picasso spezialisiert. Es nimmt fünf gotische Gebäude ein, die im 13. und 14. Jh. erbaut wurden.

Mercat del Born
Das heutige Kulturzentrum zeigt die Überreste der Straßen und Häuser, die im 18. Jh. abgerissen wurden, um eine Militärfestung zu bauen.

8 000
QUADRATMETER
beträgt in etwa die Grundfläche des Mercat del Born.

Dach der Markthalle
Das auf flachen gelben und grünen Keramikstücken gefertigte Dach ruht auf einer Eisenstruktur.

Das Picasso-Museum in Barcelona

Das Picasso-Museum in Barcelona wurde anfänglich im Palau Berenguer d'Aguilar konzipiert, einem gotischen Gebäude in einer der emblematischsten Straßen der Altstadt. Die aufeinanderfolgenden Vergrößerungen der Sammlung und die funktionalen Anforderungen zwangen die Verantwortlichen der Einrichtung, die Installationen zu erweitern. So kamen ab 1970 vier weitere Stadtpaläste und ein im Jahr 2011 errichtetes Forschungszentrum hinzu, bis ein Komplex entstand, der eine Fläche von circa 13.000 Quadratmetern einnimmt.

Passeig del Born

Die Straße – im Mittelalter Schauplatz von Festen und Turnieren – erstreckt sich von der Basilika Santa Maria del Mar bis zum Mercat del Born und ist immer noch ein gesellschaftliches Zentrum.

Öffentlicher Platz

In der Blütezeit der mittelalterlichen Stadt war der Passeig del Born ein rechteckiger öffentlicher Platz, um den herum die Adligen und Kaufleute, die von der fieberhaften Tätigkeit des Hafens profitierten, ihre Aktivitäten ausübten. Dank seiner Größe werden auf dem Platz verschiedene Veranstaltungen wie Lanzenstechen, Jahrmärkte, religiöse Feste, Volksfeste und inquisitorische Prozesse ausgerichtet. Im 18. Jh. veränderte der Bau der Festung Ciutadella – der den Abriss Tausender Behausungen mit sich brachte – erheblich die Größe des Platzes, was aber nicht seine Lebendigkeit beeinträchtigte, die bis heute anhält.

→
Fußgängerzone
Die Bänke und Bäume verstärken die gesellschaftliche Funktion des Passeig del Born, der als sozialer Treffpunkt gedacht ist.

Carrer del Rec

1438
IN JENEM JAHR
wurde Born in den ummauerten Teil von Barcelona integriert.

1971
IN JENEM JAHR
schloss der Mercat del Born seine Türen und wurde erst 2013 wiedereröffnet.

←
Carrer de les Caputxes
Im Mittelalter wurden in dieser Straße Kapuzenmäntel hergestellt.

Wappen
Barcelonas Emblem ziert die Bögen aus Edelstahl am Haupteingang des Mercat del Born.

Monument
Eine Feuerschale erinnert an die Militanten, die im Jahr 1714 während der Besetzung der Truppen von König Philipp V. Barcelona verteidigten.

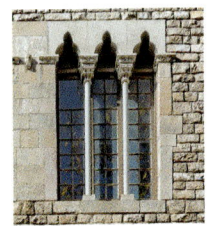

Casa Meca
Dieses im 14. Jh. errichtete Wohngebäude ist eines der ersten, das am Passeig del Born entstand.

Das Innere. Es besteht aus drei Schiffen, einem Mittelschiff, zwei Seitenschiffen und 6 zentralen Säulen.

Gewölbeschlüsselsteine. In vielen hellen Farben in Stein gemeißelt, stellen sie religiöse Motive dar.

Licht und Farbe
In der Basilika gibt es Buntglasfenster aus verschiedenen Epochen.

Basilika Santa Maria del Mar

Sie ist Symbol der Seemacht Barcelonas im Mittelalter und wurde zwischen 1329 und 1384 mit den Beiträgen der Anwohner erbaut. Ihr Inneres besteht aus einem Deambulatorium und drei Schiffen von ähnlicher Höhe, die dem Raum ein einheitliches Aussehen verleihen und dazu beitragen, dass genügend Licht durch die Fenster dringt. Die schlanken Säulen, die die Schiffe trennen und die Kreuzgewölbe tragen, untermauern das homogene Erscheinungsbild der Kirche, die als eines der ausgewogensten Werke der katalanischen Gotik gilt.

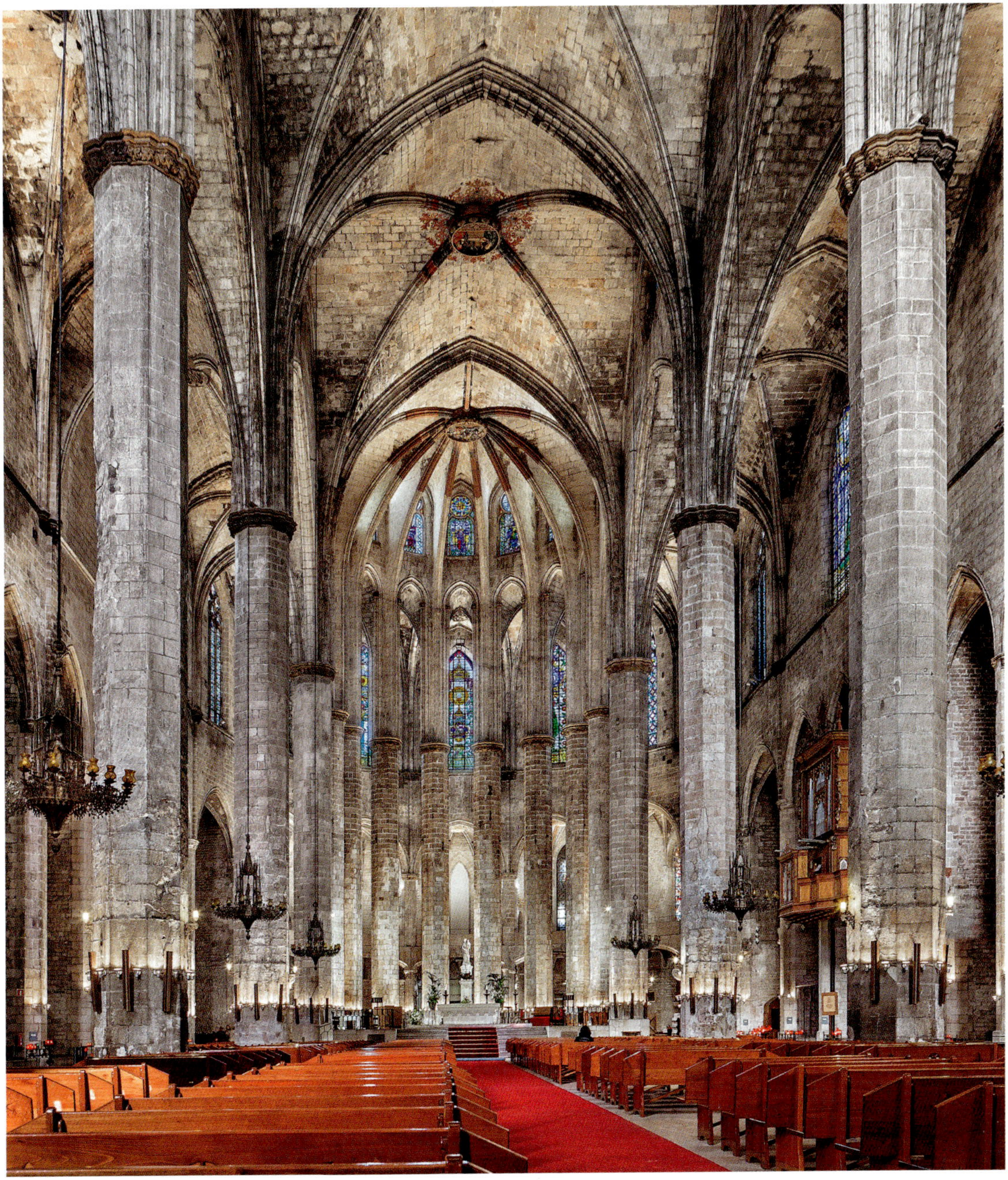

Plaça de Catalunya. Verbindung zwischen der Altstadt und dem Stadtteil Eixample. Er erwarb sein monumentales Aussehen zwischen 1927 und 1929.

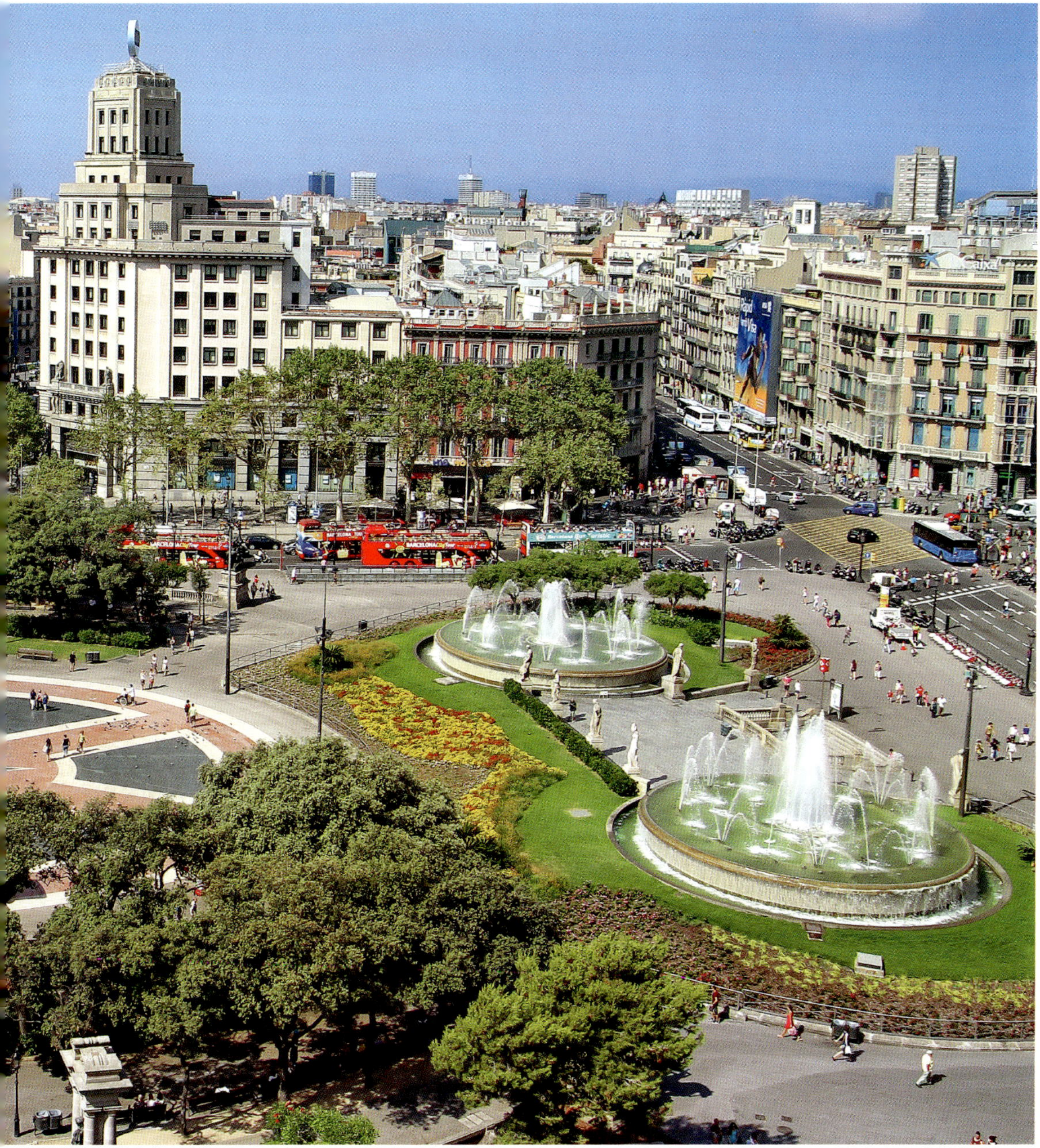

Krankenhaus Santa Creu

Sant Pau del Camp

Der Stadtteil Raval

Das Viertel Raval - Symbol für das kosmopolite Barcelona, aber mit einer unruhigen Vergangeheit verbunden - weist heterogene Gebäude auf, von Überresten des Mittelalters bis hin zu zeitgenössischer Architektur. Einst war Raval ein Landwirtschaftsgebiet und besaß mehrere Klöster. Seine Urbanisierung begann im 18. Jh., als die Eröffnung mehrerer Fabriken den Bau von Behausungen für die Arbeiter erforderte. Infolge der hohen Bevölkerungsdichte und der harten Arbeitsbedingungen war das Viertel jahrelang Synonym für soziale Konflikte und Ausgrenzung. Das änderte sich erst gegen Ende des 20. Jh., als städtische Reformen und die Eröffnung kultureller Einrichtungen zur Regeneration der Gegend beitrugen.

←
Filmothek
Mit zwei Kinos ausgestattet. Sie ist für ihre massive Betonstruktur bekannt.

→
Graffitis
Urbane Kunst verleiht Raval eine besondere Note.

Museum für zeitgenössische Kunst. Werk von Richard Meier.

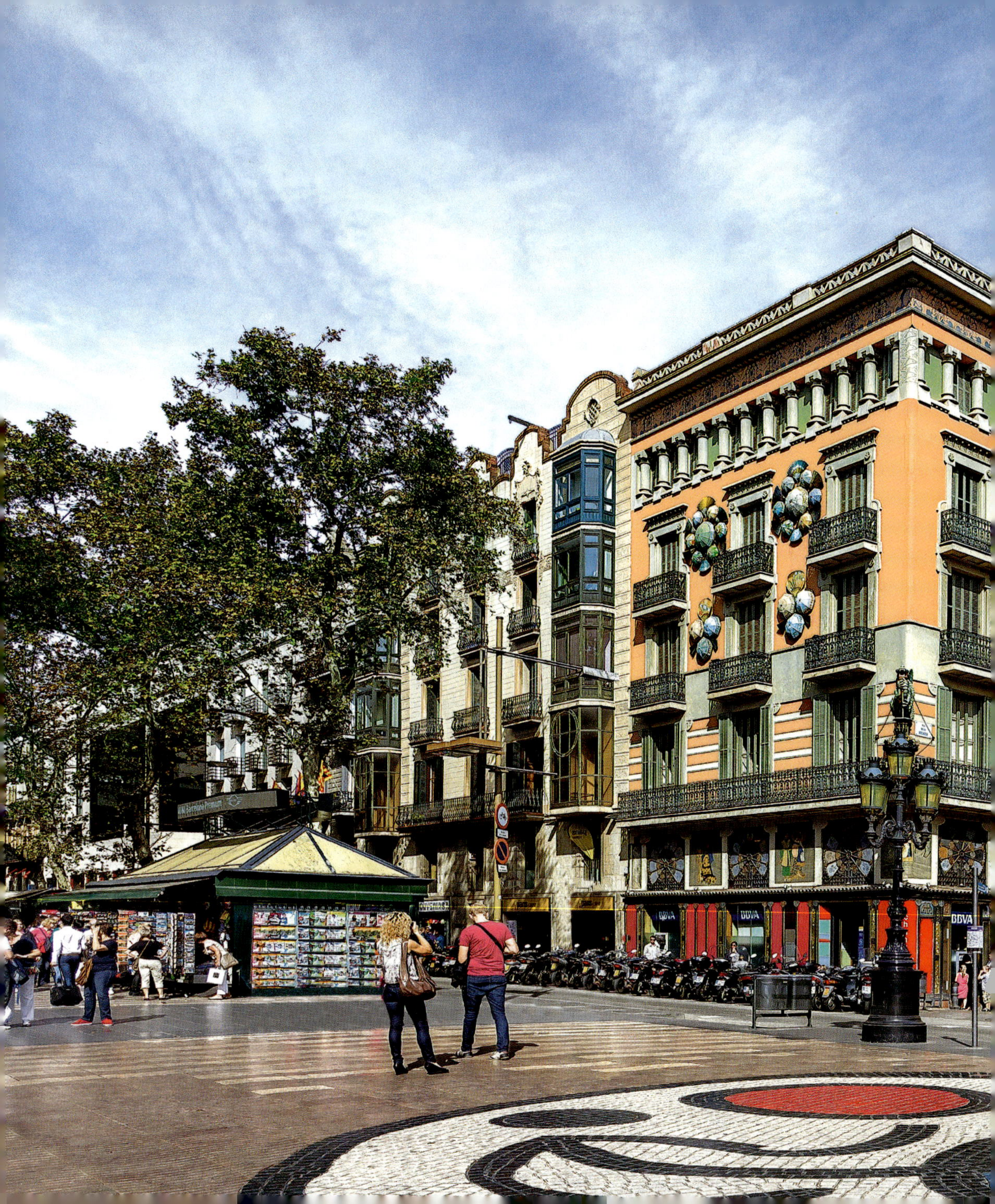
BBVA
BBVA

Pla de La Boqueria
An diesem Abschnitt der Rambla befand sich im Mittelalter ein Tor, durch das man in das Gebiet innerhalb der Stadtmauern gelangte.

Die Rambla

Die Promenade, die zwischen der Plaça Catalunya und dem Kolumbus-Denkmal verläuft, ist immer voll von Touristen, die zwischen Straßenkünstlern, Kiosken und Blumenläden, Cafés, Restaurants und Geschäften aller Art flanieren.

→ **Detail des Kolumbus-Denkmals**
Konzipiert von Gaietà Buigas für die Universalausstellung von 1888.

→ **Mosaik von Miró**
1976 am Abschnitt Pla de La Boqueria eingeweiht. Es symbolisiert den Zugang zur Stadt vom Meer aus.

↓ **Casa Bruno Cuadros**
Der chinesische Drache an der Fassade war Reklame eines Schirmgeschäfts.

Schmiedeeisen

❶ **Vielfalt**
Dank ihrer zentralen Lage nimmt die Rambla seit ihrer Entstehung verschiedene Freizeit- und Geschäftsaktivitäten auf, wie den Verkauf von Handwerk, Blumen, Büchern und Zeitungen bis hin zu Straßenmalern.

1892
IN JENEM JAHR
wurde an der Rambla der von Pere Falqués entworfene Font de Canaletes errichtet.

↘
Lebende Statuen
Die als historische oder fiktive Gestalten verkleideten Schauspieler, die regungslos auf der Rambla stehen, verstärken mit ihrem Straßentheater den künstlerischen Charakter der Promenade.

❷
Font de Canaletes
An diesem Ort – einem traditionellen Treffpunkt von Einheimischen und Ausländern – feiern die Fans des FC Barcelona die Erfolge ihres Teams.

→
Straßenlaternen
Ursprünglich sollte es einen Lichtpunkt geben, zur Schattenvermeidung wurden aber drei weitere hinzugefügt.

12
KILOMETER
ist die Rambla in etwa lang. Sie läuft ununterbrochen bis zum Portal de la Pau.

←
Wallace-Brunnen
1872 von Bildhauer Charles Lebourg entworfen. Der englische Philantrop Richard Wallace spendete sie als Symbol der Brüderlichkeit zwischen den Völkern Europas.

→
Brunnen
Mit dem Wappen von Barcelona verziert.

❷

Lebendige Promenade

Sie trennt das Gotische Viertel von Raval. Aus der bloßen Übergangsstraße, die die Plaça de Catalunya mit dem Meer verband, wurde dank ihrer großen Lebendigkeit eine der emblematischsten Straßen der Stadt. Die Rambla war ursprünglich ein Sandweg am Rand des westlichen Abschnitts der Stadtmauer, an dem zahlreiche Klöster standen. Im 19. Jh. führte die Beschlagnahme des Kircheneigentums durch die spanische Regierung zum Abriss einiger der religiösen Bauten der Gegend und zur Umgestaltung des Sandwegs in eine Promenade mit Straßenlaternen, Verkaufsbuden und Gebäuden wie dem Gran Teatre del Liceu und dem Markt La Boqueria. Seitdem ist die Rambla eine der wichtigsten Adern der Altstadt und eine unerlässliche Touristenattraktion aufgrund ihres Hotel- und Freizeitangebots.

→
Struktur
Die Rambla teilt sich in fünf Abschnitte – Canaletes, Estudis, Flors, Caputxins und Santa Mònica – ein jeder mit seiner eigenen Note.

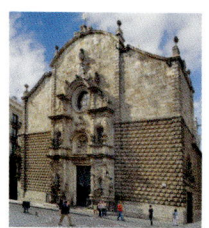

Bethlehem-Kirche
Die von 1680 bis 1732 erbaute Barockkirche war ursprünglich mit dem Kloster der Gesellschaft Jesu verbunden.

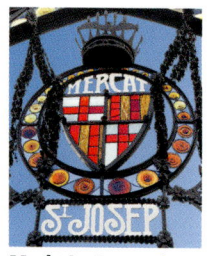

Markt La Boqueria

←
Ehemalige Casa Figueras
Der Maler und Bühnenbildner Antoni Ros entwarf im Jahr 1902 den Umbau dieses ehemaligen Nudelgeschäfts an der Rambla, an dem Kunsthandwerker wie der Bildhauer Lambert Escaler und der Mosaikleger Mario Marigliano mitwirkten.

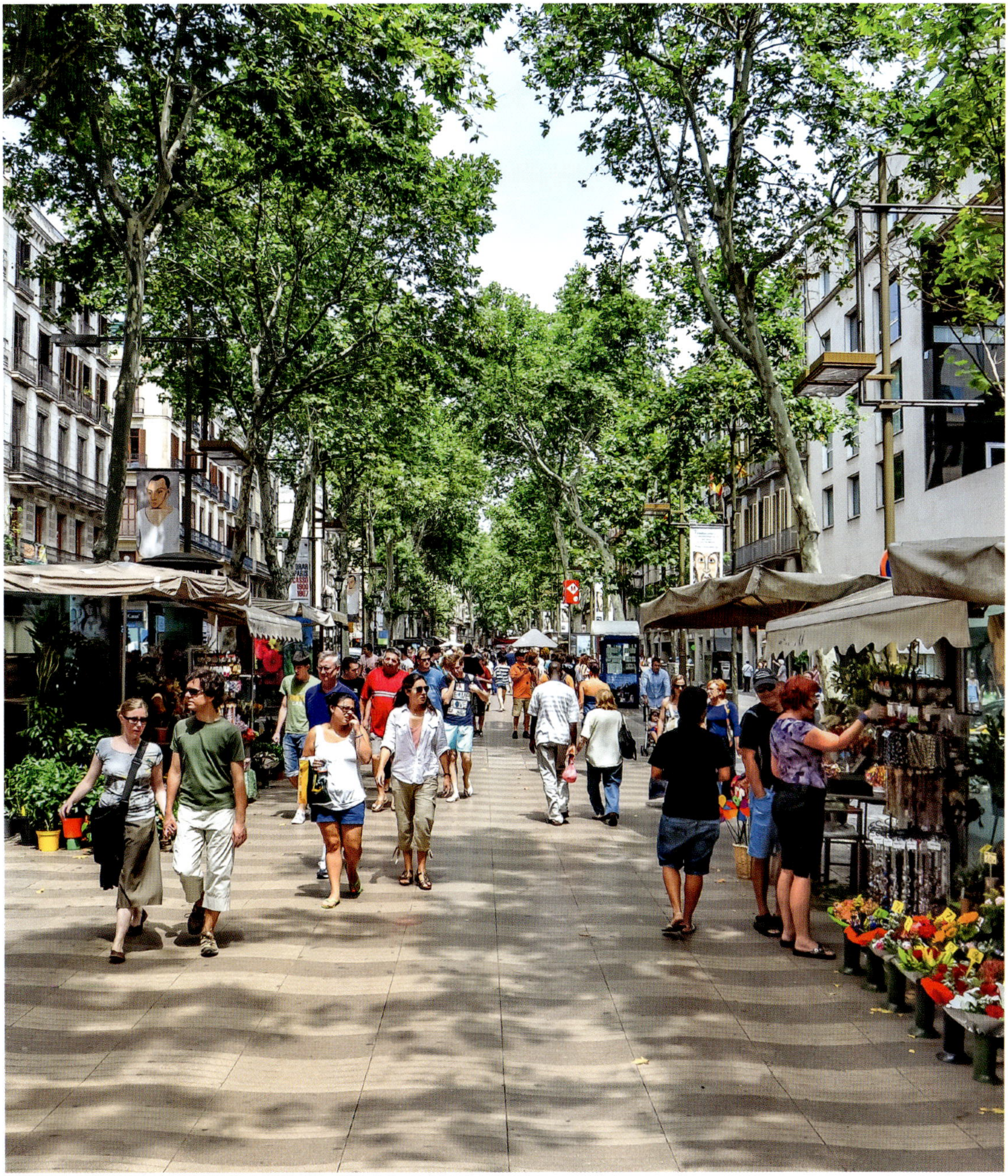

Gran Teatre del Liceu. Das im Jahr 1847 auf Initiative des Bürgertums Barcelonas errichtete Theater ist eines der wichtigsten Zentren der Welt der Oper.

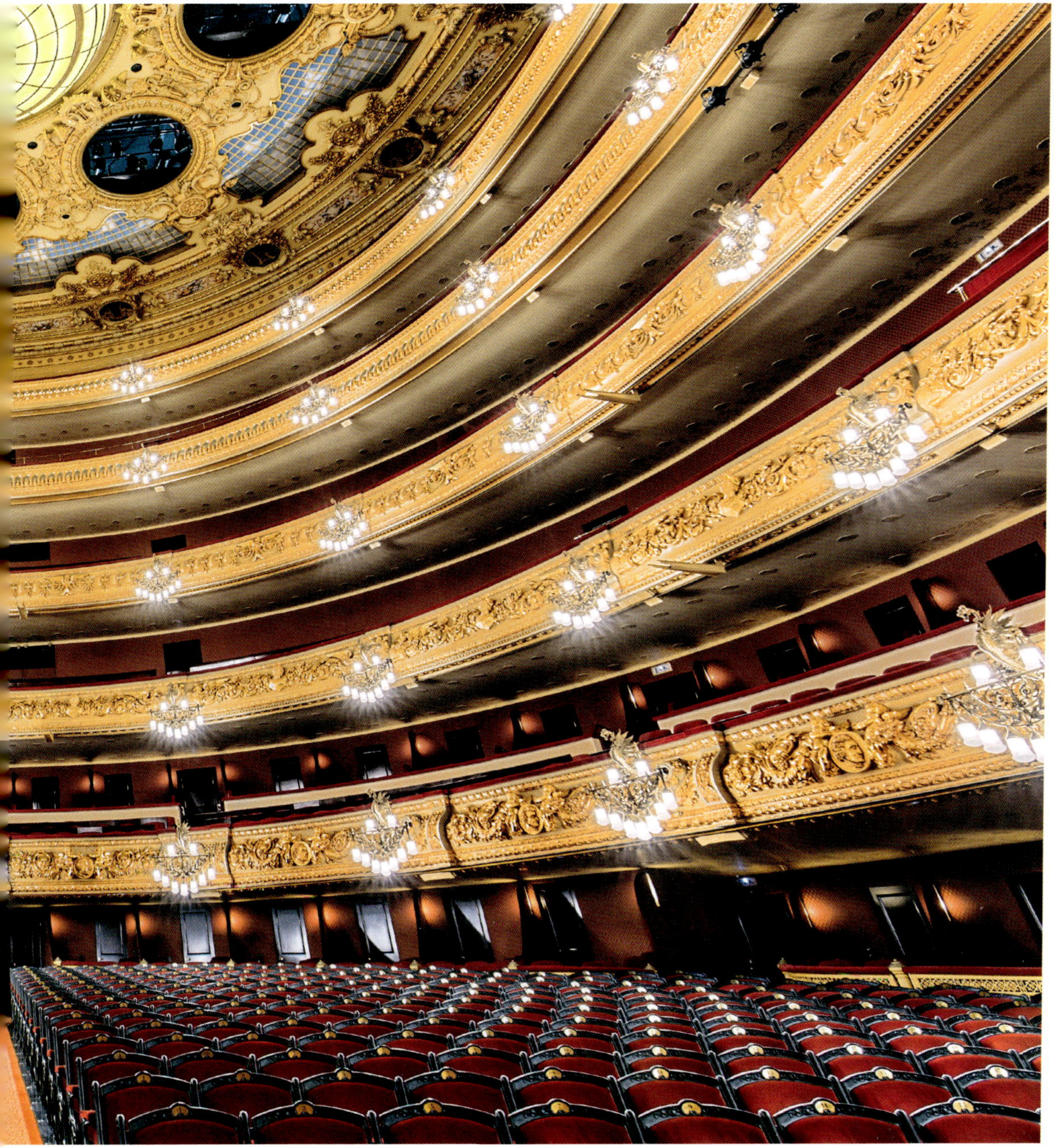

Plaça Reial

Der mit zwei von Antoni Gaudí entworfenen Laternen verzierte Platz ist von klassizistischen Gebäuden umgeben. Das einheitliche Bild hebt sich vom unregelmäßigen Gefüge der Altstadt ab.

Französischer Einfluss

Die Plaça Reial ist Ergebnis der Verwandlung, die die Gegend um die Rambla im 19. Jh. erfuhr, als religiöse durch zivile Gebäude ersetzt wurden. In diesem Fall führte der Abriss eines Kapuzinerklosters im Jahr 1848 zum Bau eines Platzes zu Ehren von König Ferdinand II. von Aragón, durch den das Gefüge der Altstadt aufgelockert wurde. Die Bauleitung übernahm Francesc Daniel i Molina, der einen französisch inspirierten Platz entwarf, der von einer Reihe von klassizistischen Gebäuden mit Arkaden im Erdgeschoss umgeben war. Im Jahr 1878 vervollständigten ein Brunnen und zwei Straßenlaternen - von Antoni Gaudí entworfen - die Verzierung des Arkadenplatzes, der zu einem beliebten Treffpunkt wurde.

→
Arkaden. Die unterste Ebene der Gebäude, die den Platz umgeben, besteht aus einem mit katalanischen Gewölben bedeckten Säulengang, der als Außenterrasse für zahlreiche Lokale dient.

1983
IN JENEM JAHR
wurden die Grünanlagen des Platzes entfernt, damit die Gebäude besser zur Geltung kommen.

Magallanes
Der portugiesische Seefahrer schmückt die Fassade eines der Gebäude auf dem Platz und weist verschiedene Details auf, die mit der Schifffahrt verbunden sind.

→
Straßenlaterne. Gaudí krönte sie mit einem geflügelten Helm, Symbol für Merkur, den römischen Gott des Handels.

← **Straßenlaterne**
Im Auftrag der Stadt Barcelona entwarf Gaudí 1878 Straßenlaternen für einen der beliebtesten Plätze der Stadt.

Wappen von Kastilien
Von zwei Kinderfiguren gestützt. Krönt ein Gebäude des Platzes.

Drei-Grazien-Brunnen
Im Jahr 1876 in der Mitte des Platzes angebracht. Von Antoine Durenne gestaltet.

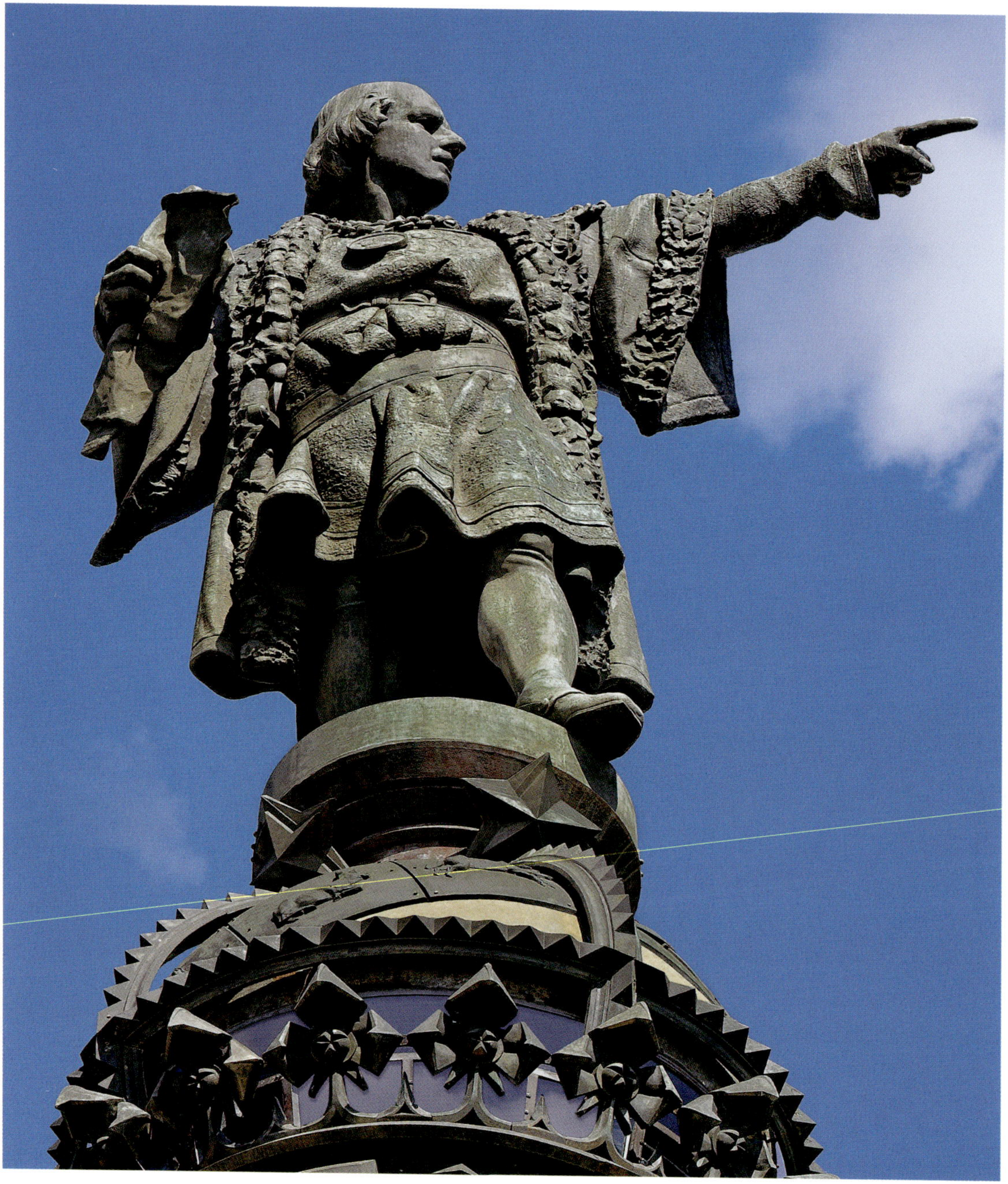

Allegorie der vier Kontinente
Die vier Bronzestatuen sin das Werk des Bildhauers Leoncio Serra.

Kolumbus-Denkmal

Die dem Entdecker Amerikas gewidmete Skulpturengruppe wurde von Gaietà Buigas für die Weltausstellung 1888 entworfen. Die Kolumbusstatue aus Bronze von Rafael Atché steht auf einer Weltkugel, die auf einer gerippten, 51 Meter hohen Säule thront, die mit allegorischen Darstellungen von Europa, Asien, Afrika und Amerika geschmückt ist. Der Sockel des Denkmals ist mit Reliefs verziert, die Szenen aus dem Leben des Seefahrers und Skulpturen darstellen, die auf einige der wichtigsten Persönlichkeiten der von den Katholischen Königen finanzierten Expedition anspielen, wie die Gebrüder Pinzón, Luis de Santángel oder Pedro de Margarit.

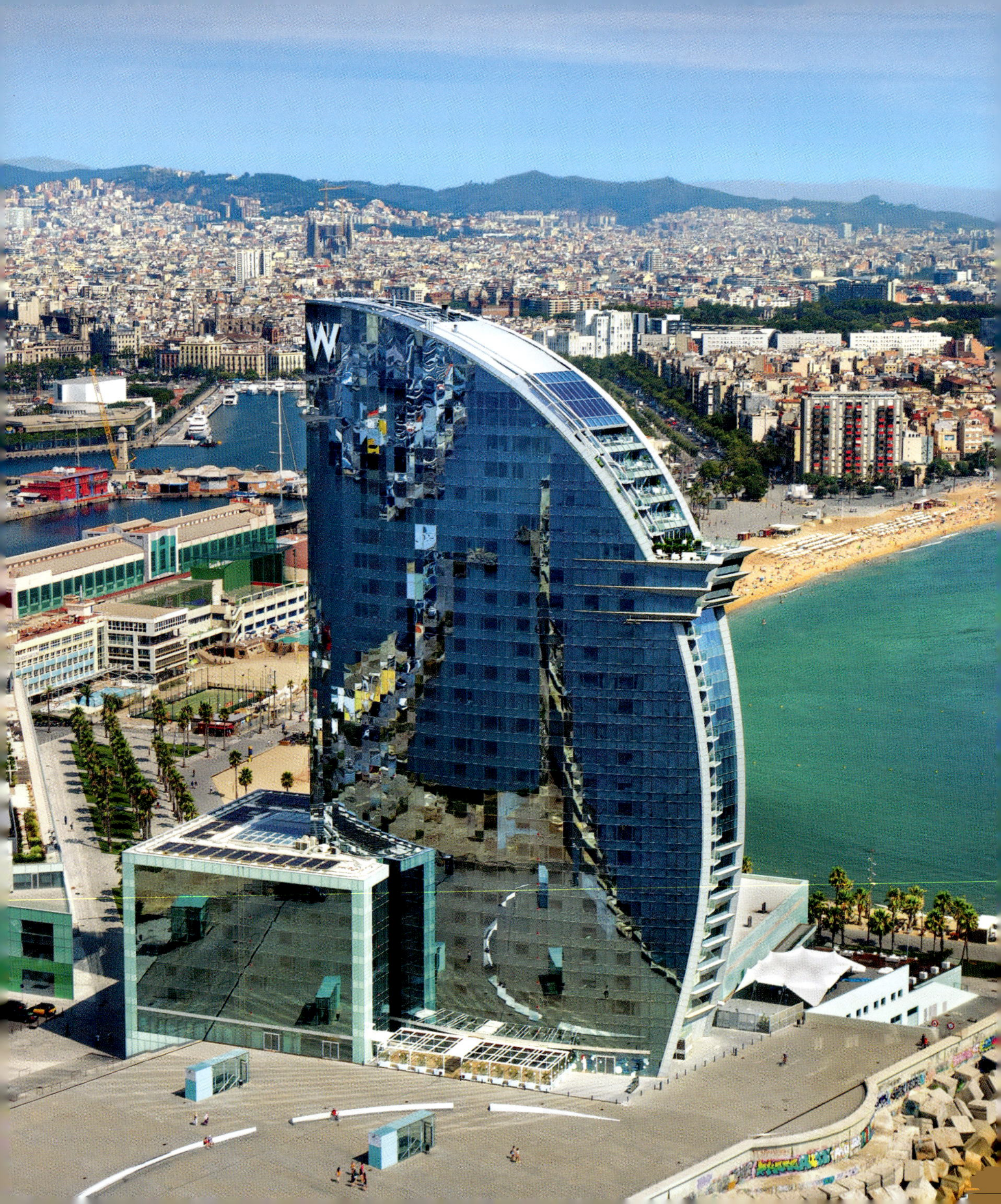

HAUPTSTADT DES MITTELMEERS
Die Hafenstadt

2

Barcelona hatte von Anfang an eine starke Verbindung zum Meer und dieses Merkmal hat entscheidend zu ihrem kosmopolitischen und dynamischen Charakter beigetragen. Die maritime Tradition begann mit der Ankunft der Römer, die alsbald die Siedlung Barcino in ihr umfangreiches Handelsnetz im Mittelmeerraum integrierten; aber erst mit der Entstehung der Krone Aragón konsolidierte sich die Stadt als große Überseemacht, die mit Städten wie Genua und Venedig konkurrieren konnte. Dennoch verhinderten die mittelalterlichen Stadtmauern trotz der dynamischen Seehandelsaktivität jahrhundertelang, dass die Bewohner frei an die Küste herantreten konnten. Die Austragung der Olympischen Spiele im Jahr 1992 setzte diesem Problem ein Ende, da sie eine tiefgreifende Reform mit sich brachte, die zur Einbindung der Küste in das Stadtgefüge führte. Durch die Umgestaltung der Strandabschnitte und den Bau neuer Anlagen wie dem Olympischen Hafen und dem Maremagnum, neben anderen Initiativen, hat sich Barcelona mehr denn je dem Meer geöffnet und ihr Küstenabschnitt wird heute von der Öffentlichkeit genutzt und ist das Eingangstor für Millionen von Besuchern, die von der Stadt mit dem mediterranen Charme verführt werden.

Port Vell

Der von Architekt Frak O. Gehry auf Meeresland entworfene Hafen ist ein zentrales Element der Stadt, das in seiner Umgebung Bauten aus der Handelsvergangenheit und moderne Freizeiteinrichtungen aufweist.

Uhrenturm
1772 im Rahmen der Hafenerweiterung erbaut. Einst ein Leuchtturm, der im 20. Jh. nicht mehr genutzt und in eine Uhr mit 4 Ziffernblättern umgebaut wurde.

Vom Hafen zur Promenade

Trotz seiner wirtschaftlichen Bedeutung war der Hafen jahrhundertelang eine Barriere zwischen der Stadt und dem Meer. Die Anlegebrücken waren kaum zugänglich und die Lagerhallen, Werften und Kräne verstärkten das industrielle Erscheinungsbild des Hafengebiets, das den Einheimischen geradezu fremd war. Die Abgeschiedenheit dieser Gegend verbesserte sich in den letzten zwei Jahrzehnten des 20. Jh., als eine umfassende Reform durchgeführt wurde, bei der der Moll de la Fusta in eine Promenade umgebaut wurde und die Rambla de Mar

Straße für das Volk
Die Rambla de Mar grenzt an den Jachthafen und geht in den Moll d'Espanya über, an dem sich das Maremagnum befindet.

❶ **Hafenbehörde.** Im Jahr 1907 errichtet. War ursprünglich ein Seebahnhof.

❷ **Zollhaus.** Wurde Ende des 19. Jh. im eklektischen Stil von Enric Sagnier und Pere García entworfen.

1994
IN JENEM JAHR wurde die Rambla de Mar, die als Verlängerung der Rambla dient, errichtet.

und der Freizeitkomplex Maremagnum errichtet wurden. Durch diese Umbaumaßnahmen wurde diese Gegend, die unter dem Namen Port Vell bekannt ist, in das Stadtgefüge integriert und zum Bindeglied zwischen dem Meer, dem Stadtviertel Barceloneta und der Altstadt.

→ **Torre Sant Sebastià**
Er ist die Endstation der Hafenseilbahn.

← **Moll de la Fusta**
Ehemaliger Lagerbereich. Die Promenade um den Hafen wurde 1987 eingeweiht.

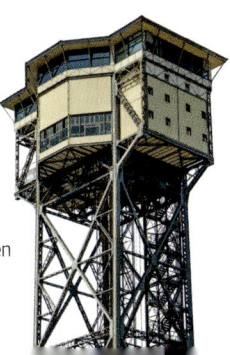

Entstehung des Hafens

Trotz der frühen Geschichte der Seefahrt fehlte Barcelona ein künstlicher Hafen. Erst im 15. Jh. wurde ein Damm errichtet, wo sich heute die Estació de França befindet. Drei Jahrhunderte später wurde auf Anweisung von König Philipp V. eine Verlängerung des Piers und der Bau von zwei Molen vorgenommen, um die Entstehung von Sandbänken zu verhindern. Im 19. Jh. wurde der Hafen dann durch den Bau einer Mole gegenüber den königlichen Schiffswerften in Richtung Südwesten erweitert.

Repräsentiert Barcelona

Allegorie der Schifffahrt

55,6
HEKTAR
Fläche besitzt der Port Vell, der mit dem logistischen Hafen verbunden ist.

↑ **Meeresdekoration**
Die Welt des Meeres ist in der Verzierung der Gebäude rund um den Hafen präsent.

← **Seilbahn des Hafens**
Sie wurde 1926 von Carles Buigas konzipiert, um die Weltausstellung 1929 mit dem am Meer gelegenen Bereich zu verbinden.

Rambla de Mar
Die Wellenform des Stegs erinnert an die Bewegung des Meers.

Mehrfachnutzung

Im Gegensatz zu anderen internationalen Häfen, die in ihrer logistischen Funktion beschränkt sind, ist der Port Vell zu einem Multifunktionsbereich geworden, in dem unterschiedliche Aktivitäten wie die Freizeitschifffahrt, Spaziergänge, Gastronomie und Einkaufsmöglichkeiten ihren Platz haben. Zu dieser großen Vielfalt hat das World Trade Center erheblich beigetragen, ein Bürokomplex, der von dem amerikanischen Architekten Henry N. Cobb entworfen wurde, um eines der wichtigsten Geschäftszentren der Stadt zu werden.

→
Königliche Galeere
Das Maritime Museum zeigt eine Nachbildung des Flaggschiffs von Johann von Österreich in der Schlacht von Lepanto, die am 7. Ok-tober 1571 stattfand.

←
Palau de Mar

←
Königliche Werften
Der Komplex weist trotz zahlreicher Erweiterungen ein homogenes Erscheinungsbild auf.

❶
Llotja
Das zwischen 1774 und 1802 errichtete klassizistische Gebäude birgt einen Versteigerungssaal aus dem Mittelalter.

1881
IN JENEM JAHR
entwarf Architekt Mauricio Garran den Palau de Mar, der zur Lagerung der Waren, die am Hafen anka-men, genutzt wurde.

1941
IN JENEM JAHR
eröffnete das Maritime Museum, das in den königlichen Werften verschiedene Gegenstände rund um die Schifffahrt vereint.

Architektonisches Erbe

Die Umgebung des Port Vell zeigt deutliche Spuren der Seehandelsaktivität der Stadt, wie den Llotja - wo sich die Händler versammelten - und den Palau de Mar - einst ein Warenlager. Zu den bedeutendsten Architekturkomplexen zählen jedoch die königlichen Werften, die im späten 13. Jahrhundert gebaut wurden, um über einen Platz für den Bau und die Instandhaltung der Galeeren im Dienst der Krone zu verfügen. Ab der zweiten Hälfte des 14. Jh. wurden dem ursprünglichen Komplex mehrere Hallen hinzugefügt, deren Bogenstruktur und Holzdecken einen Meilenstein der Gotik darstellen.

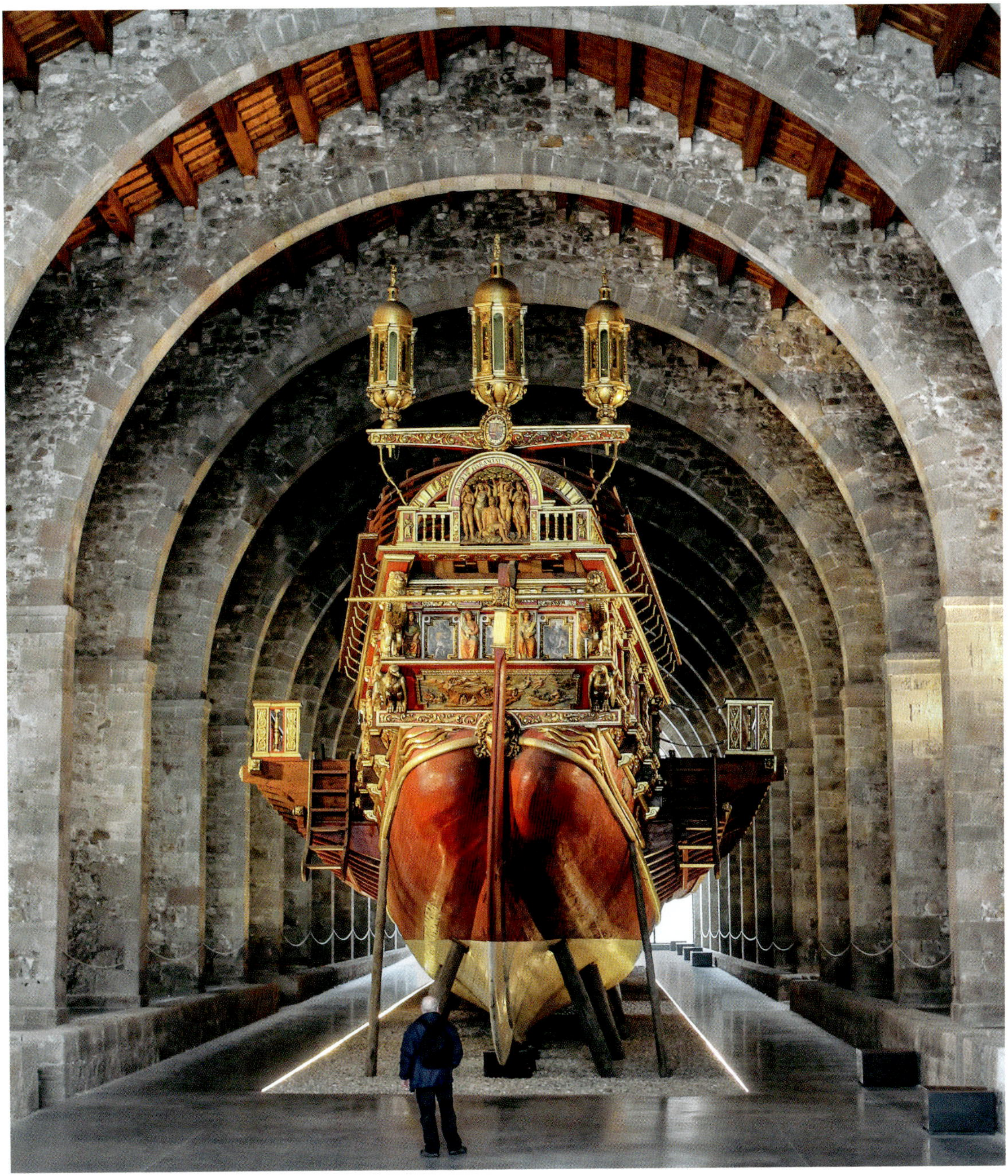

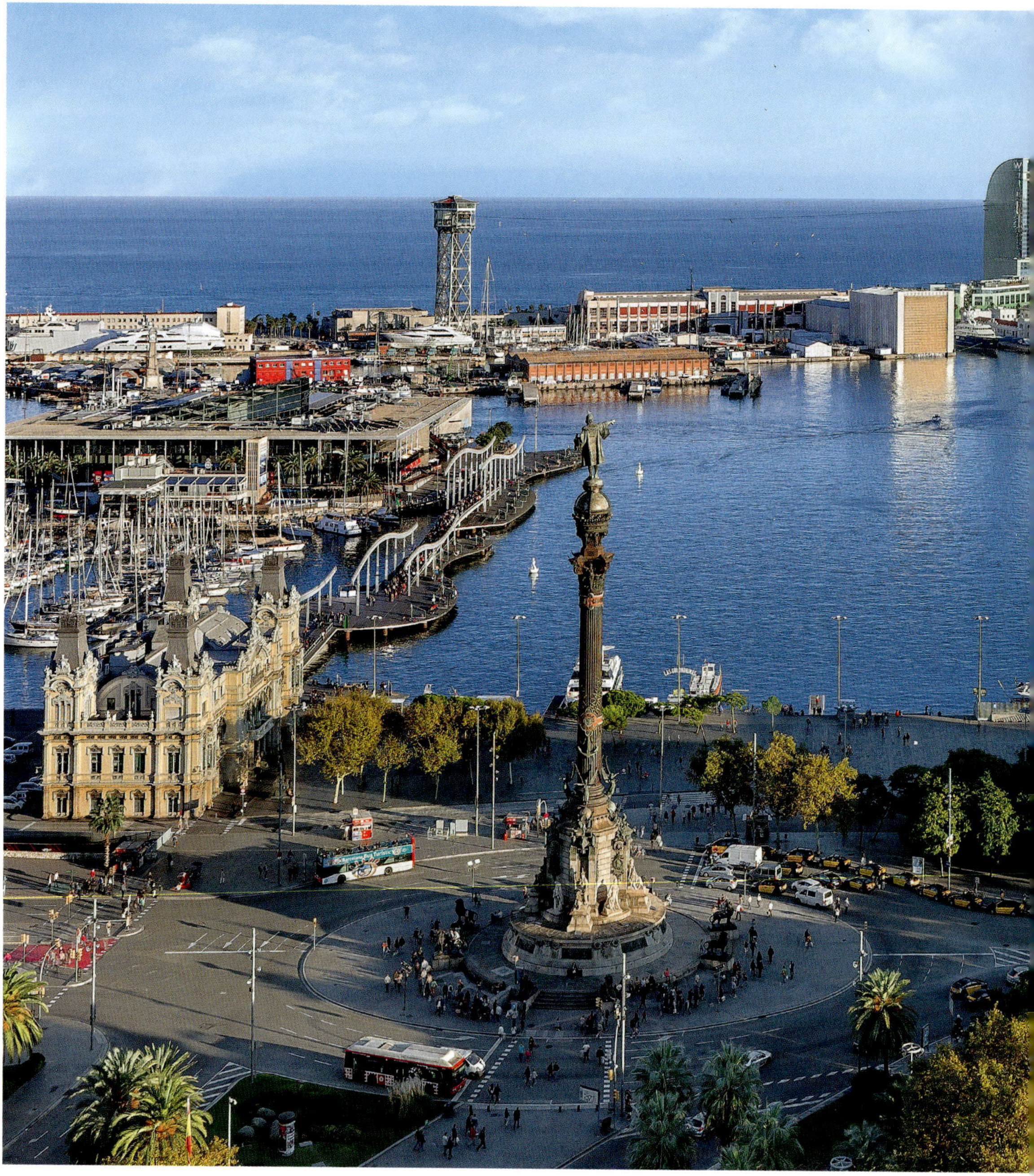

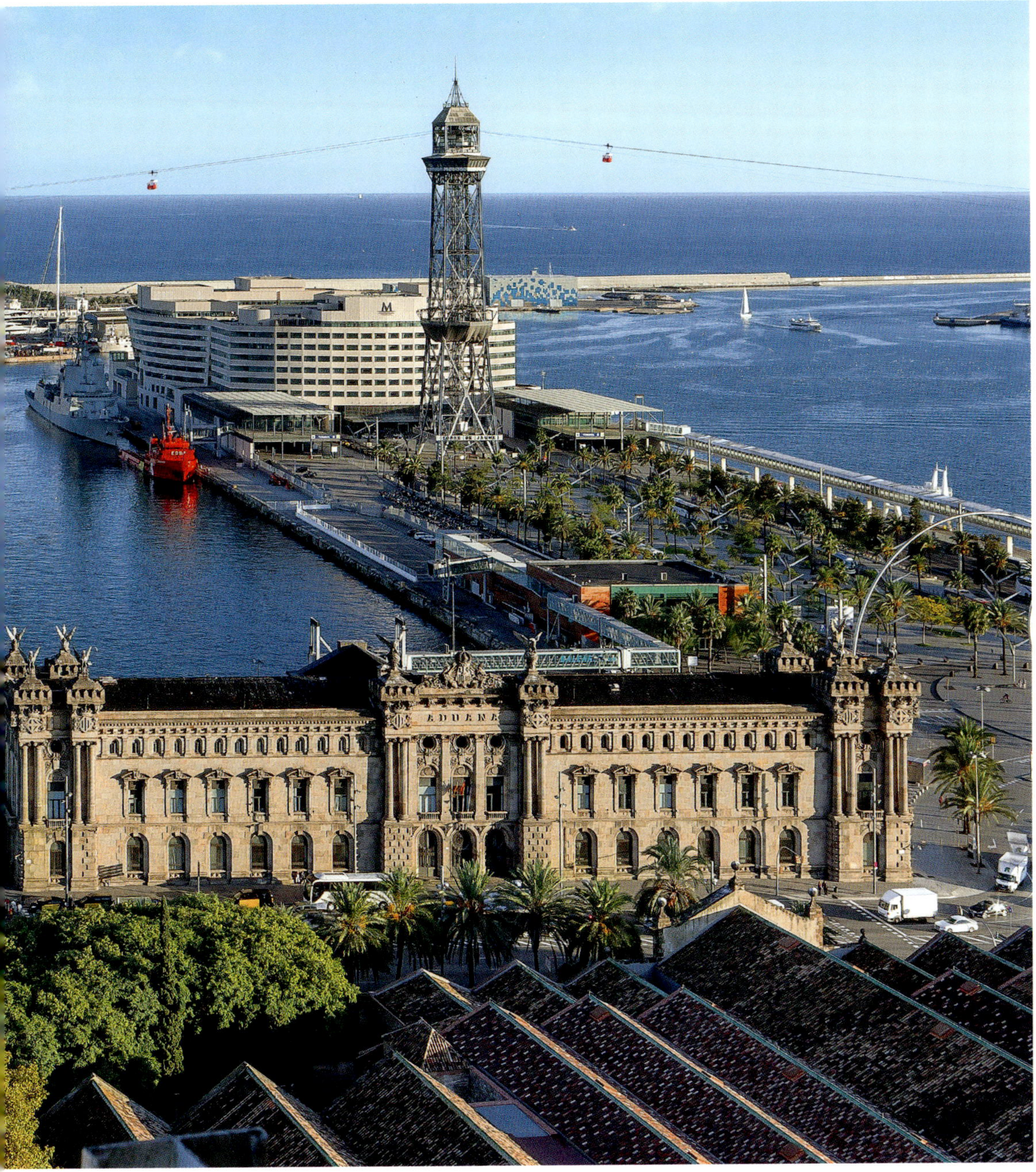
ADUANA

Handelshafen

Das Gelände, das nach zahlreichen Erweiterungsmaßnahmen mehr als 1 080 Hektar umfasst und in dem sich der Handelsverkehr konzentriert, besteht aus einer Reihe von spezialisierten Anlegestationen.

← **Container**
Die guten Verbindungen zwischen Barcelona und dem übrigen Europa haben aus dem Hafen eines der größten Logistikzentren des Mittelmeers gemacht.

← **Fischereihafen**
Das Hafengebiet verfügt über Einrichtungen, dank derer die Fischer der Stadt ihre Tätigkeit ausüben können.

→ **Hebebrücke Puerta de Europa**

Die Strände

Die urbanistische Umgestaltung des Küstengebiets, die im Jahr 1992 anlässlich der Olympischen Spiele vorgenommen wurde, stattete die Stadt mit weitläufigen Stränden aus, die optimal zum Baden und Erholen sind.

Die Regeneration der Küste

Die industrielle Aktivität hatte zur Folge, dass sich im 20. Jh. über einen langen Zeitraum hinweg alle möglichen Fabrikabfälle in der Küstengegend ansammelten und das Meer mit Abwässern verunreinigten. Dieses Problem konnte ab dem Jahr 1980 behoben werden, dank eines umfangreichen Sanierungsplans, der den Bau mehrerer Sammelanlagen und einer Aufbereitungsanlage sowie den Abriss von Infrastrukturen mit sich brachte, wie den Eisenbahnlinien, die den Zugang zur Küste behinderten. Dadurch entstand die heutige Form der Küste, die aus einer Reihe von Stränden besteht, die durch die Strandpromenade miteinander verbunden sind, vom Stadtviertel Barceloneta bis hin zur Gegend um das Fórum.

→
Weitläufigkeit
Die schönen goldenen Sandstrände können dank ihrer Breite eine große Anzahl Badender aufnehmen.

La Barceloneta

4,5
KILOMETER
ist die ungefähre Länge der verschiedenen Strände, die die Küste Barcelonas bilden.

„Fisch" von Frank O. Gehry

Wahrzeichen des Port Olympic

Wasser und Wohlbefinden

Die Strände – seit jeher mit Fischerei- und Handelsaktivitäten in Verbindung gebracht – begannen erst ab dem 19. Jh. mit der Freizeit assoziiert zu werden, als die Konsolidierung des Bürgertums und die Verbreitung der Hygienikertheorien, die Anspruch auf den therapeutischen Wert des Wassers erhoben, die Popularisierung des Badens im Meer und die Verbreitung der damit verbundenen Einrichtungen ankurbelten. Viele dieser Einrichtungen an der Barceloneta blieben bis weit in das 20. Jh. bestehen.

❶ Flugshow
Die Strände Barcelonas geben Anlass zu allen Arten von Aktivitäten und Partys.

→ Wachturm
Die Höhe der Aussichtspunkte sorgt dafür, dass die Rettungsschwimmer eine optimale Sicht auf den Badebereich haben.

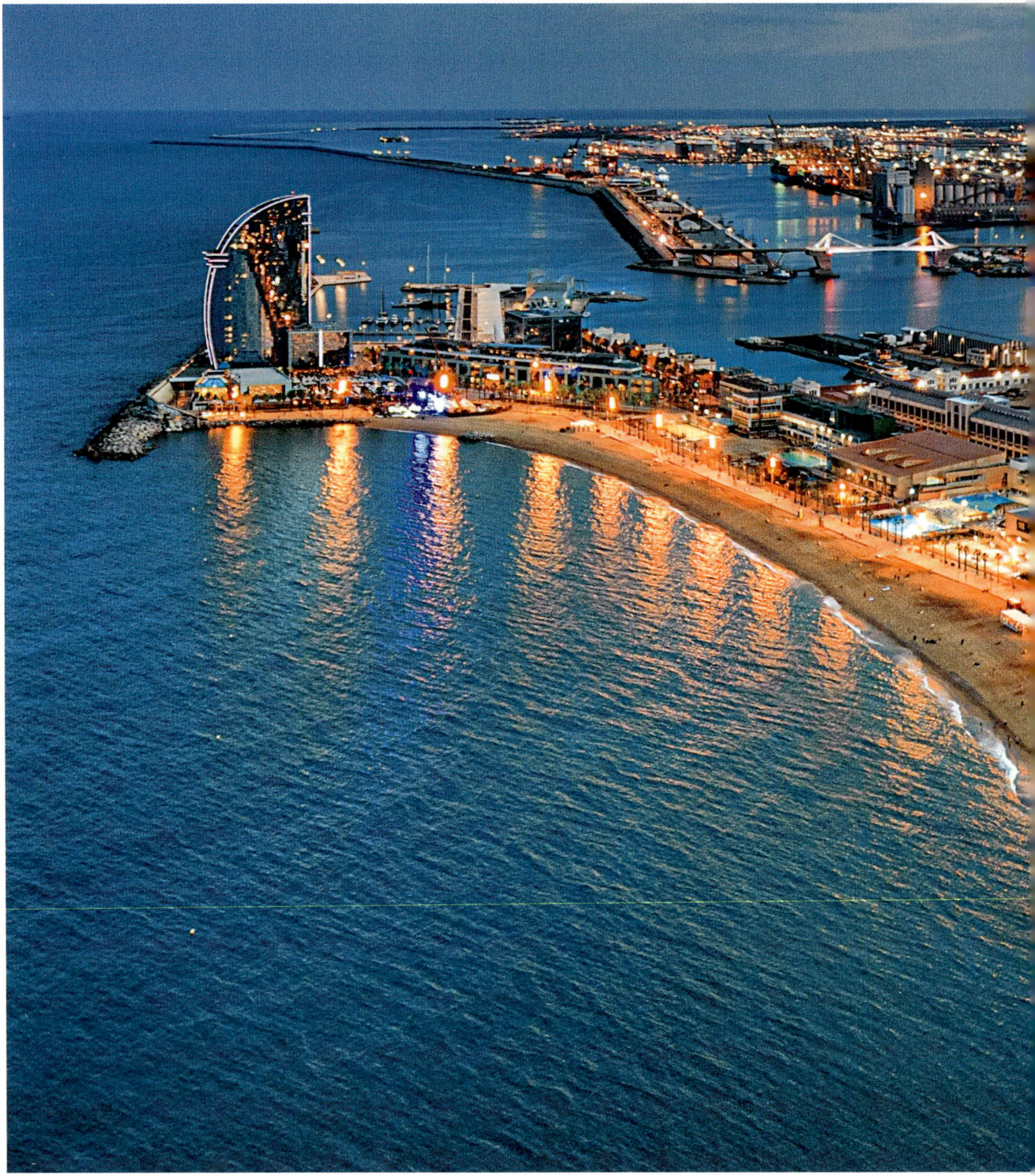

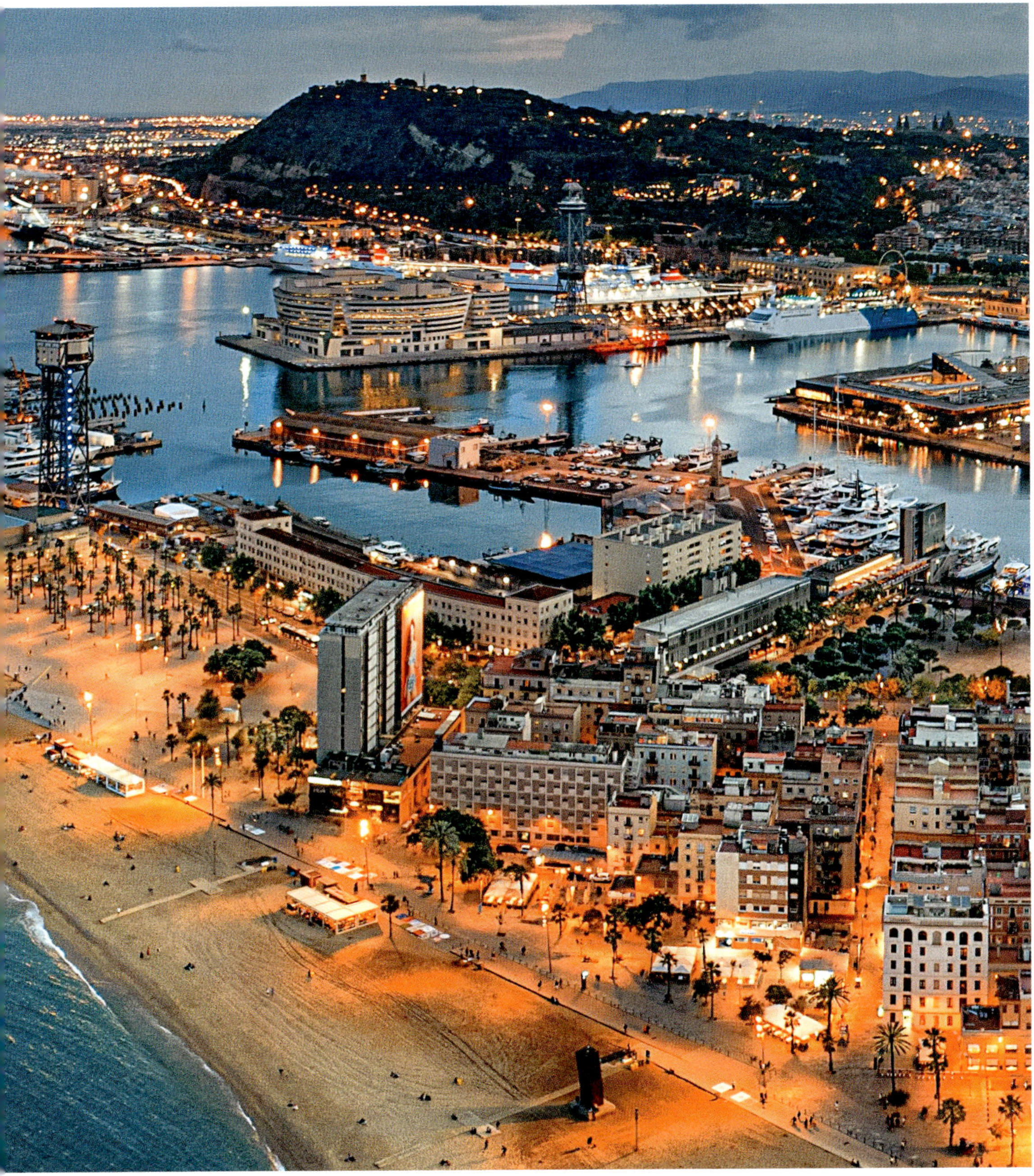

Olympischer Hafen (Port Olympic)

In der Hafengegend stechen der Mapfre-Turm und das Hotel Arts hervor. Hier wurde das Wohnviertel des Olympischen Dorfs errichtet und es herrschen mit der Schifffahrt verbundene Aktivitäten und Gastronomielokale vor. Für die Olympischen Spiele 1992 musste eine Wohngegend für die Athleten geschaffen werden, die außerdem dem Hafenviertel Sant Martí einen neuen Anstrich verleihen sollte, war es doch durch die Industrietätigkeit ziemlich heruntergekommen. Im Rahmen dieser Stadtplanung wurde ein Jachthafen entworfen, der voll und ganz in die Küstenlinie integriert und von ikonischen architektonischen Elementen umgeben ist, wie dem Mapfre-Turm und dem Hotel Arts, zwei gleichhohen Gebäuden, die von der vom Architekten Frank O. Gehry entworfenen Goldfischskulptur ergänzt werden. Zu den Anlagen für die Seefahrt wie Anlegeplätze und die Segelschule kamen zahlreiche Freizeit- und Speiselokale hinzu, die der Gegend einen erheblichen Impuls gegeben haben und sie zu einem zentralen Punkt der Stadt gemacht haben.

→
Anlegeplätze
Der als Austragungsort der Segelwettbewerbe der Olympischen Spiele konzipierte Hafen kann bis zu 740 Schiffe mit einer Länge zwischen 7 und 35 Metern aufnehmen.

Strandpromenade
Mit dem Strand Nova Icària verbunden. Wurde als Hauptfußgängerstraße der Küstenlinie entworfen.

Öffentlicher Bereich
Dank seiner privilegierten Lage direkt am Meer ist die Umgebung des Olympischen Hafens zu einer beliebten Gegend zum Spazieren und Entspannen geworden, die Fußgänger, Skater und Radfahrer anzieht.

153
METER
Höhe erreichen das Hotel Arts und der Mapfre-Turm mit ihren 44 Stockwerken.

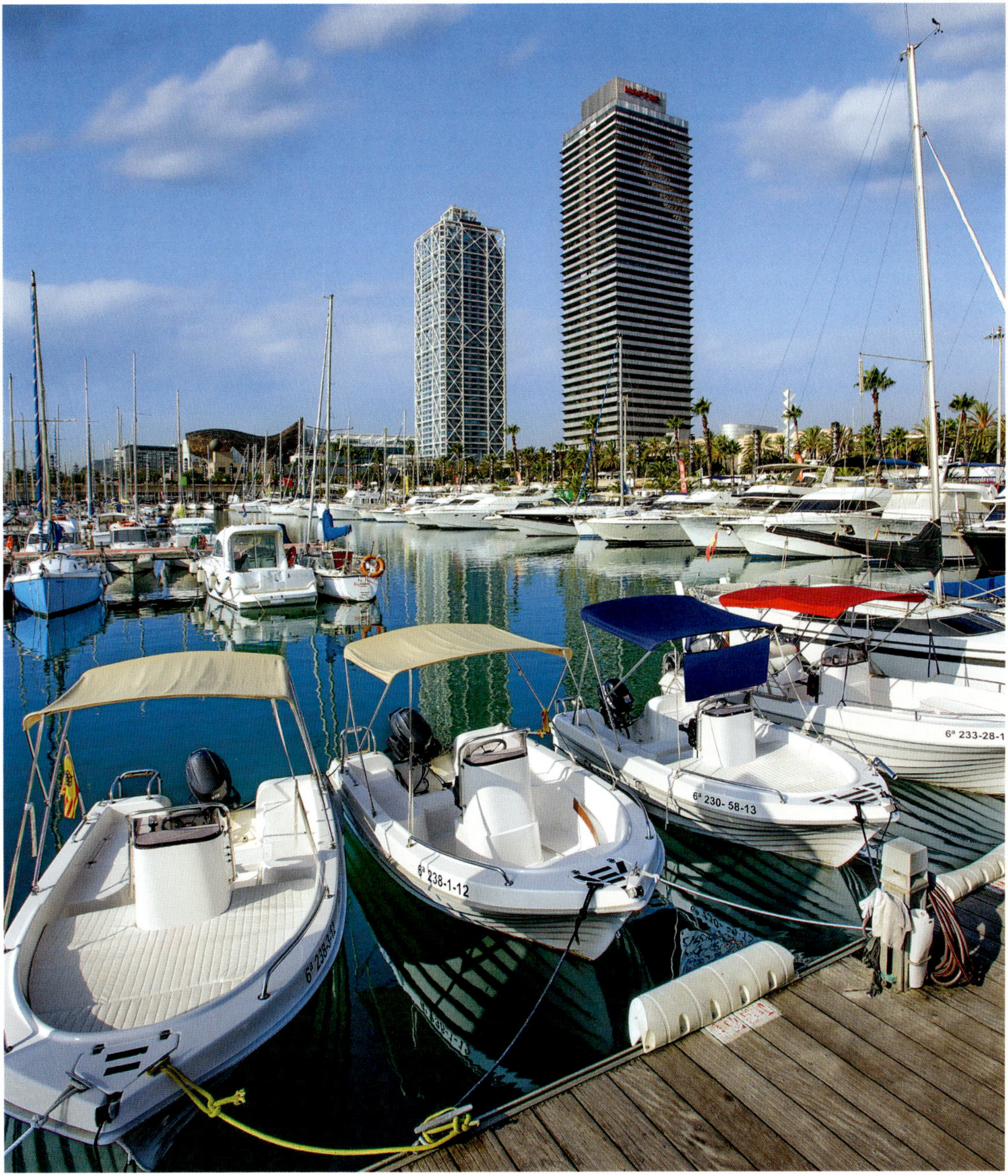
6ª 238-1-12
6ª 230- 58-13
6ª 233-28-1

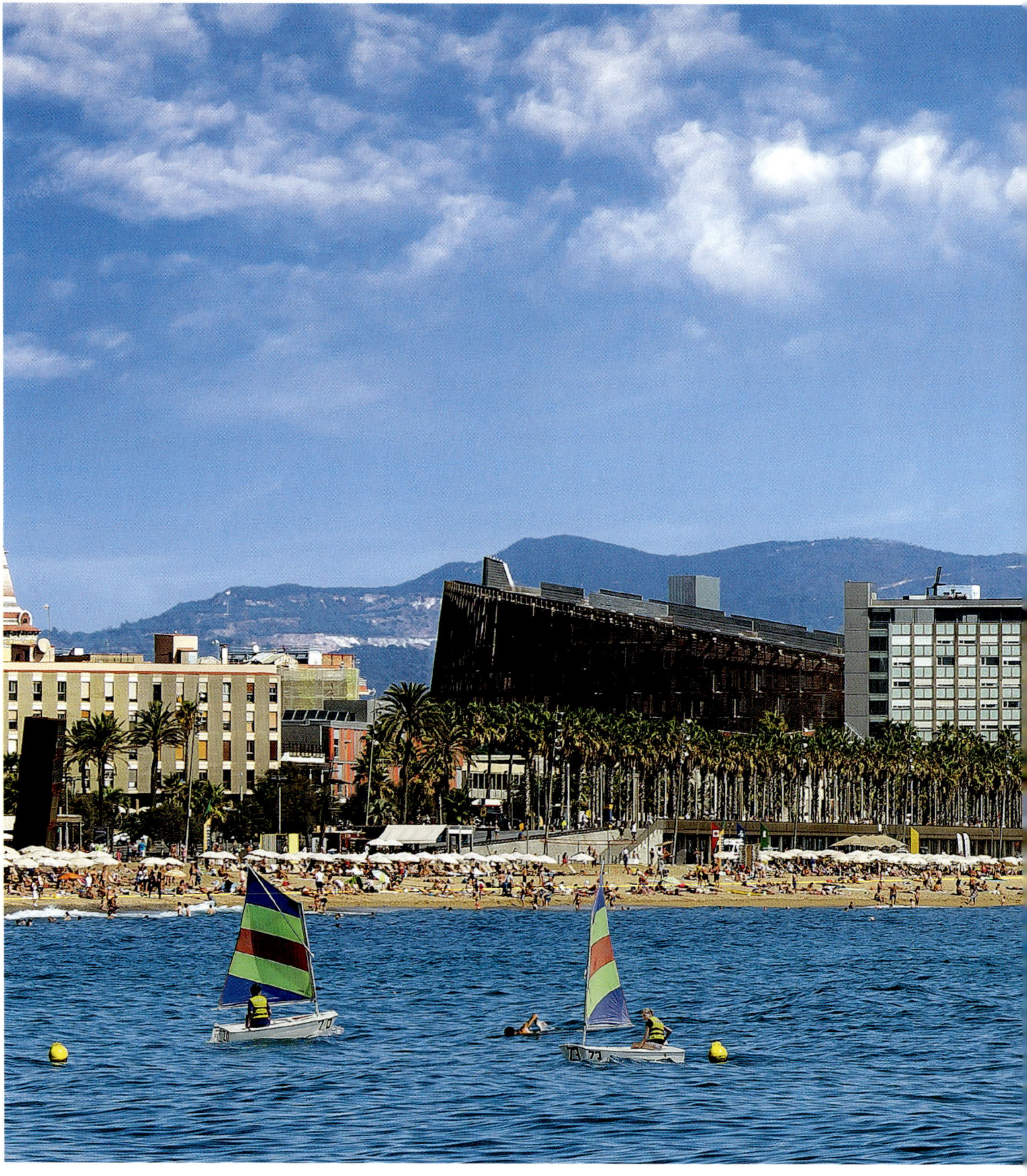

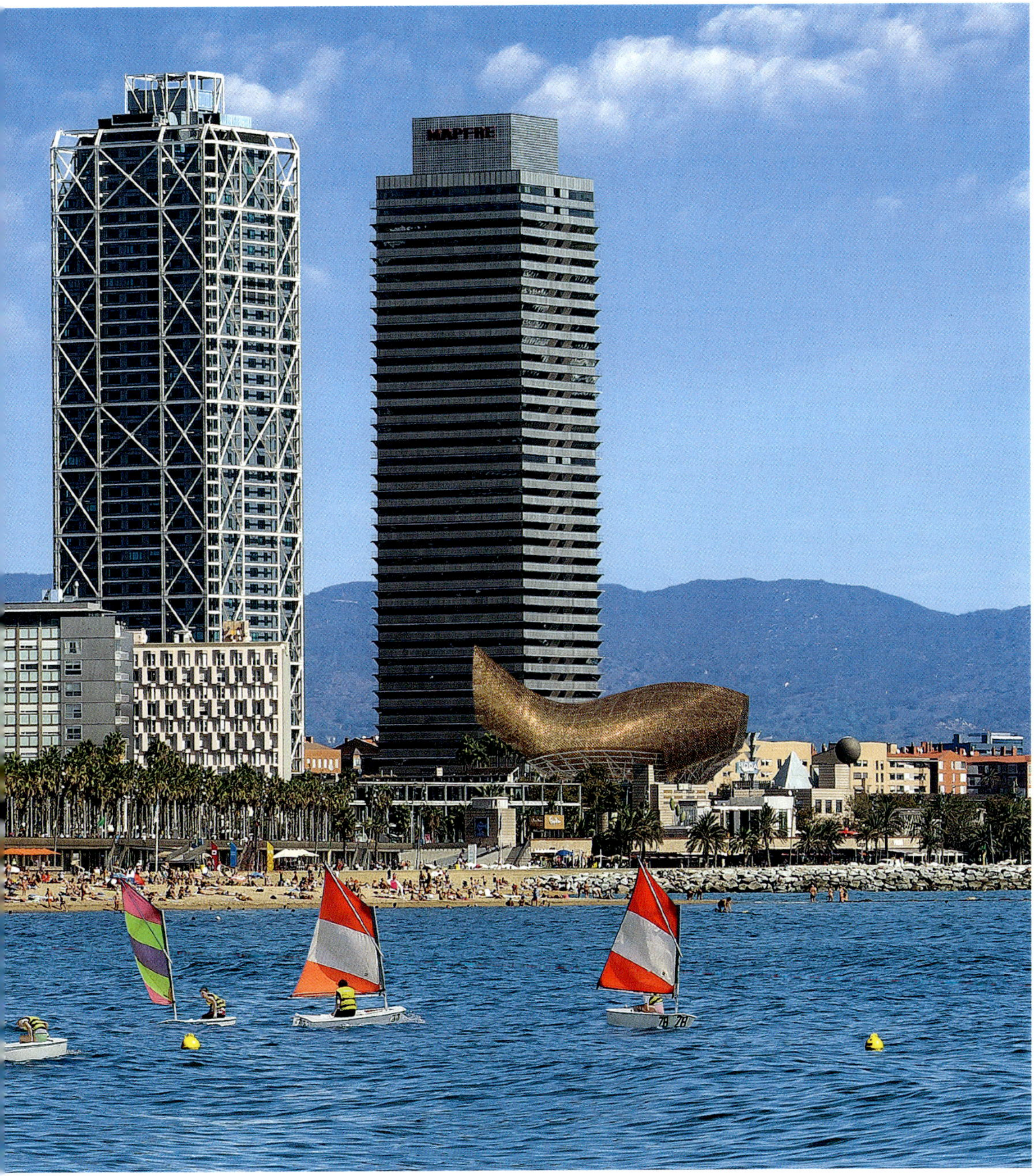
MAPFRE

Port Fòrum

Die Austragung des Weltforums der Kulturen im Jahr 2004 brachte eine Neugestaltung der Küstenlinie an der Mündung des Flusses Besòs mit sich, bei der ein Hafen für Sportboote angelegt wurde.

← **Fußgängerbrücke**
Von Mamen Domingo und Ernest Ferré entworfen. Die Metallstruktur mit einer ungefähren Länge von 200 Metern überquert den Jachthafen und mündet sodann in die Sadtpromenade Sant Adrià de Besòs.

1. Mit Sonnenkollektoren bedeckte Pergola
2. Mobiliar im Park Fòrum
3. Wellenbrecher aus Beton

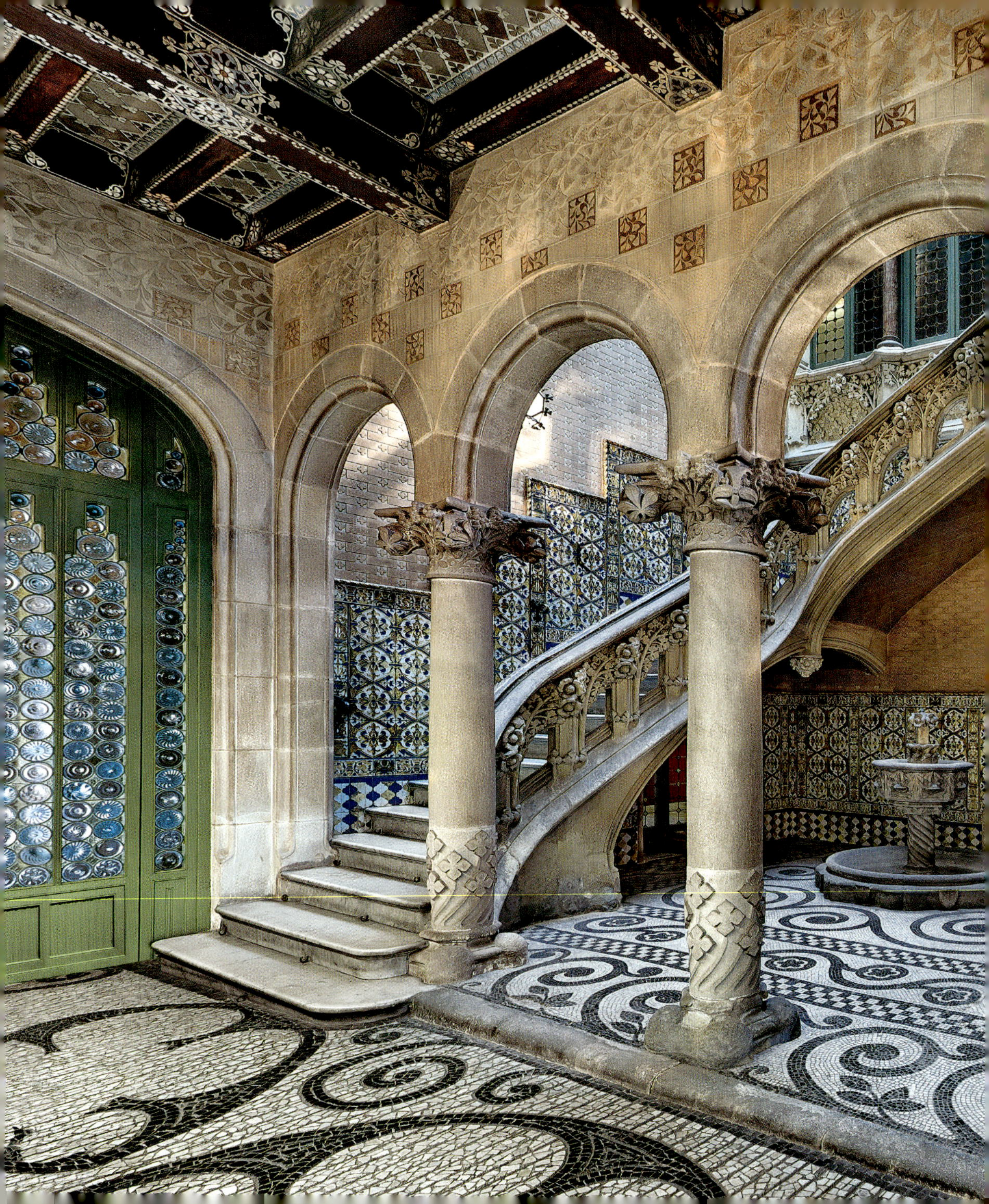

DER GLANZ DER BOURGEOISIE

Die modernistische Stadt

3

Zwischen dem späten 19. und frühen 20. Jh. entstand in mehreren europäischen Ländern eine neue künstlerische Bewegung, die von ornamentalem Reichtum, Dynamik, der Vorherrschaft geschwungener Linien, der Vorliebe für die Asymmetrie und der Bewunderung der Natur geprägt war. In Katalonien wurde diese Bewegung Modernismus genannt. Sie fand großen Anklang in Barcelona, einer Stadt, die sich in der Blüte ihrer wirtschaftlichen, kulturellen und städtischen Entwicklung befand. Ursprung dieser Entwicklung war die industrielle Revolution und sie erreichte ihren Höhepunkt mit der ersten Weltausstellung in Spanien im Jahr 1888. Die modernistische Architektur, die alle Kunstrichtungen in sich vereint, wurde zu einem der wichtigsten Symbole des sozialen Status des Bürgertums, das den Bau von großen Projekten antrieb - die meisten davon im Stadtteil Eixample - mit dem Ziel, seine Macht und seinen Wunsch nach Erneuerung zu inszenieren. Mit der Unterstützung der wohlhabenden Schichten ließen Architekten wie Antoni Gaudí, Josep Puig i Cadafalch, Lluís Domènech i Montaner und Enric Sagnier, neben anderen, ihrer Fantasie freien Lauf, um Anlagen und Wohngebäude zu entwerfen, die das Stadtbild radikal veränderten und zum Markenzeichen der Kreativstadt Barcelona wurden.

Passeig de Gràcia

Durch die Präsenz des Großbürgertums wurde der einstige Feldweg, der die Altstadt mit dem eigenständigen Dorf Gràcia verband, zu einer der emblematischsten Straßen der Stadt.

Straßenlaternen
Von Architekt Pere Falqués entworfen. Sie wurden 1906 am Passeig de Gràcia angebracht und von einigen Einheimischen wegen ihrer innovativen Form kritisiert.

Der Zankapfel

Nach der Bevölkerungsexplosion durch den industriellen Aufschwung riss die Stadtverwaltung 1854 die mittelalterlichen Mauern ab und Barcelona wurde im Rahmen des Raumentwicklungsplans von Ildefons Cerdà an die umliegenden Ortschaften angebunden. Es entstanden weitläufige Straßen wie der Passeig de Gràcia, an denen die gehobene Schicht ihre Luxushäuser erbaute. Die aufsehenerregendsten befanden sich zwischen der Carrer d'Aragó und der Carrer Consell de Cent. Diese Gegend war unter dem Namen Zankapfel bekannt, weil hier einige der provokativsten Werke der modernistischen Architekten zugegen waren.

❶ Casa Lleó i Morera
Lluís Domènech i Montaner initiierte dieses Projekt 1902.

❷ Casa Mulleras
Dieses klassische Werk wurde 1898 von Enric Sagnier begonnen.

❸ Casa Bonet
Die Fassade wurde 1915 von Marcel·lí Coquillat umgestaltet.

← Kuppel des Hauses Lleó i Morera

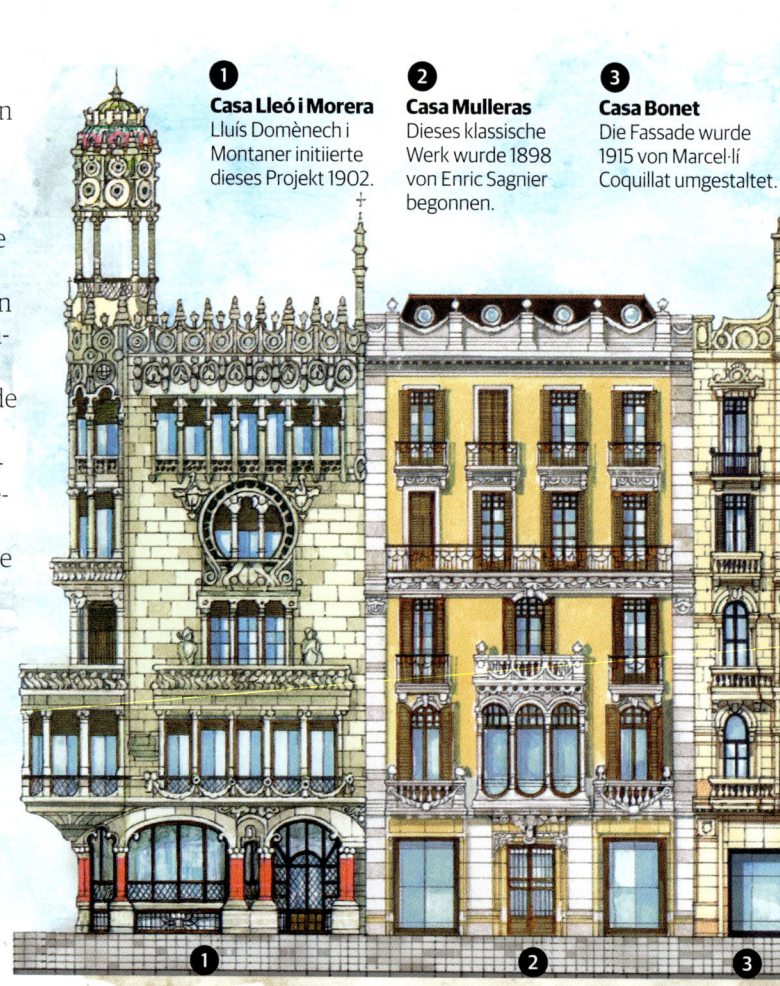

❻ Casa Pascual i Pons
Historisch gestaltetes Werk von Enric Sagnier.

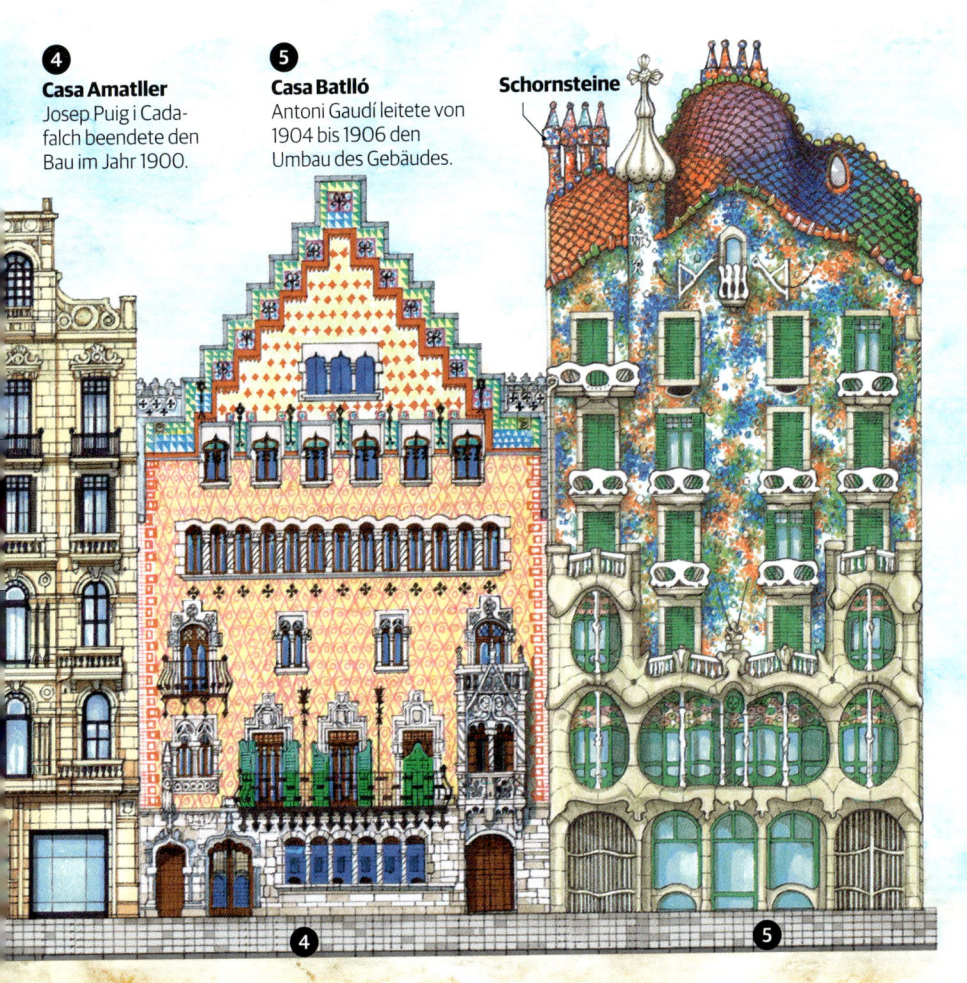

← **Casa Viuda Marfà**
1905 von Manuel Comas erbaut.

❹ Casa Amatller
Josep Puig i Cadafalch beendete den Bau im Jahr 1900.

❺ Casa Batlló
Antoni Gaudí leitete von 1904 bis 1906 den Umbau des Gebäudes.

Schornsteine

↑ **La Pedrera**
Werk von Antoni Gaudí.

1861
IN JENEM JAHR wurden die ersten Gebäude am Passeig de Gràcia errichtet.

Trencadís
Keramik- und Glasstücke bilden eine avantgardistische Einheit.

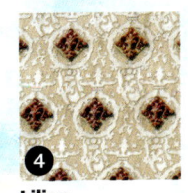

Lilien
Die Reliefs zeigen metallische Reflexe.

085

Casa Amatller

Der im Jahr 1851 in Barcelona geborene Antoni Amatller i Costa übernahm 1872 die Leitung des Schokoladengeschäfts, das seine Familie seit Ende des 18. Jh. in der Stadt betrieb. 1898 beschloss der Geschäftsmann, einen Teil seines erwirtschafteten Kapitals in ein Grundstück am Passeig de Gràcia, zwischen der Carrer d'Aragó und der Carrer del Consell de Cent, zu investieren. Das im Jahr 1875 von Baumeister Antoni Robert entworfene Gebäude war wie die meisten Häuser im Eixample klassisch gestaltet. Kunstliebhaber Amatller wollte aber ein originelleres Haus; es sollte seine kulturellen Interessen und seinen privilegierten Status widerspiegeln. Daher beauftragte er Architekt Josep Puig i Cadafalch mit einer umfassenden Neugestaltung des Hauses. Mithilfe von rund 50 Handwerkern verwandelte Puig i Cadafalch das Äußere und das Innere des Hauses radikal, indem er Elemente mit gotischen Einflüssen und typische Stilmittel der nordischen und flämischen Architektur in es integrierte, wie zum Beispiel den abgestuften Giebel. Das im Jahr 1900 fertiggestellte Gebäude wurde zu einer großen Sensation und trug zur Popularisierung der modernistischen Ästhetik bei, was die Kreativität anderer Architekten stark beflügelte.

→
Ehrenhof
Er ist von den gotischen Palästen Barcelonas inspiriert und führt über eine Treppe zur Hauptetage, wo die Familie Amatller wohnte.

Detail des Buntglases an der Kuppel des Hofes

←
Einzigartiger Giebel
Mit seinem abgestuften Giebel brach die Casa Amatller mit den im Eixample vorherrschenden Architekturstil.

Skulpturen
Die Skulpturengruppe mit Einflüssen aus der Gotik, die auf die Legende des Heiligen Georg anspielt, sowie die Figur des Zingaro zieren die erste Ebene der Hauptfassade.

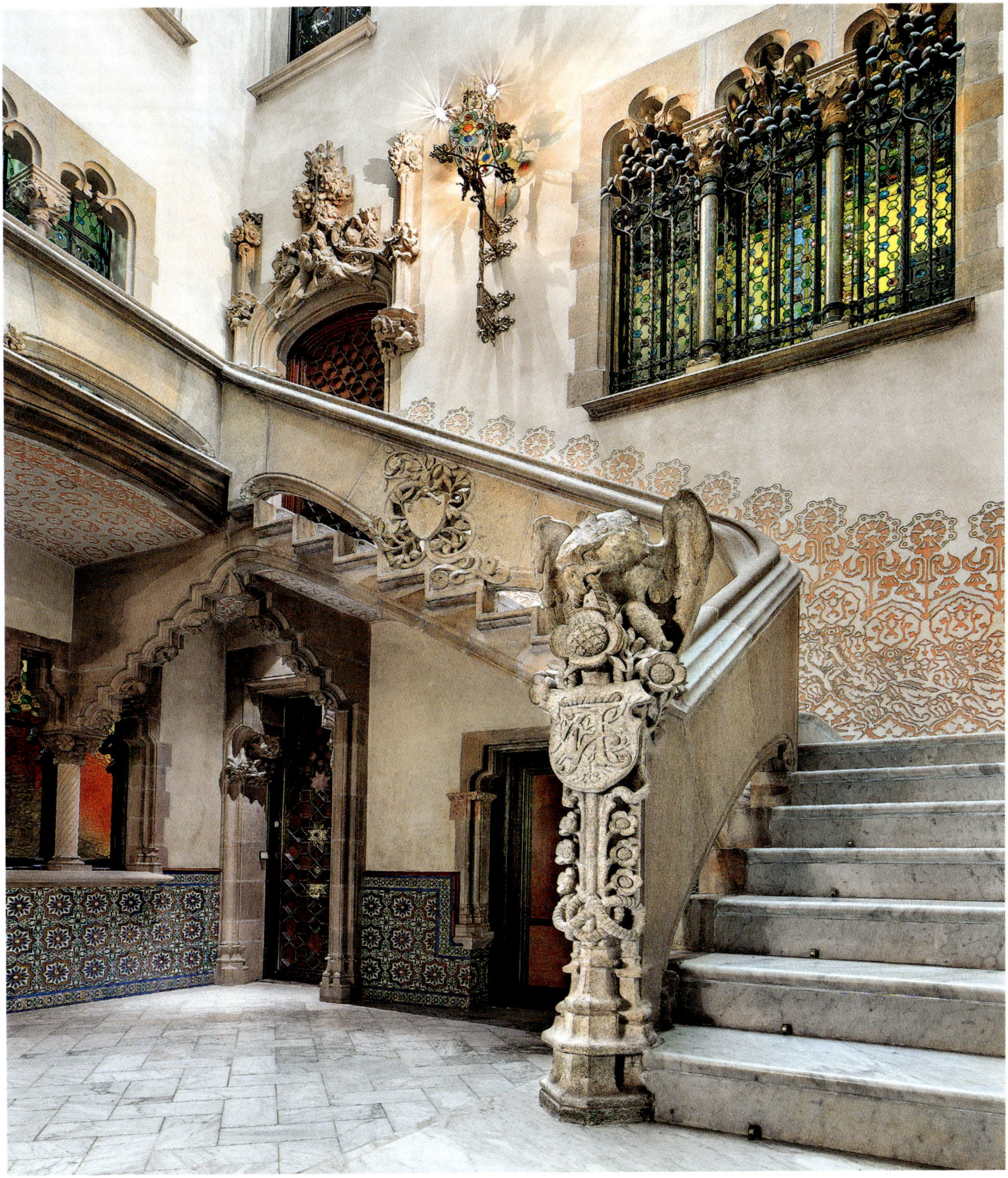

Casa Lleó i Morera. Gilt als Meisterwerk des Modernismus. An seiner Dekoration nahmen Kunsthandwerker wie Antoni Serra und Gaspar Homar teil.

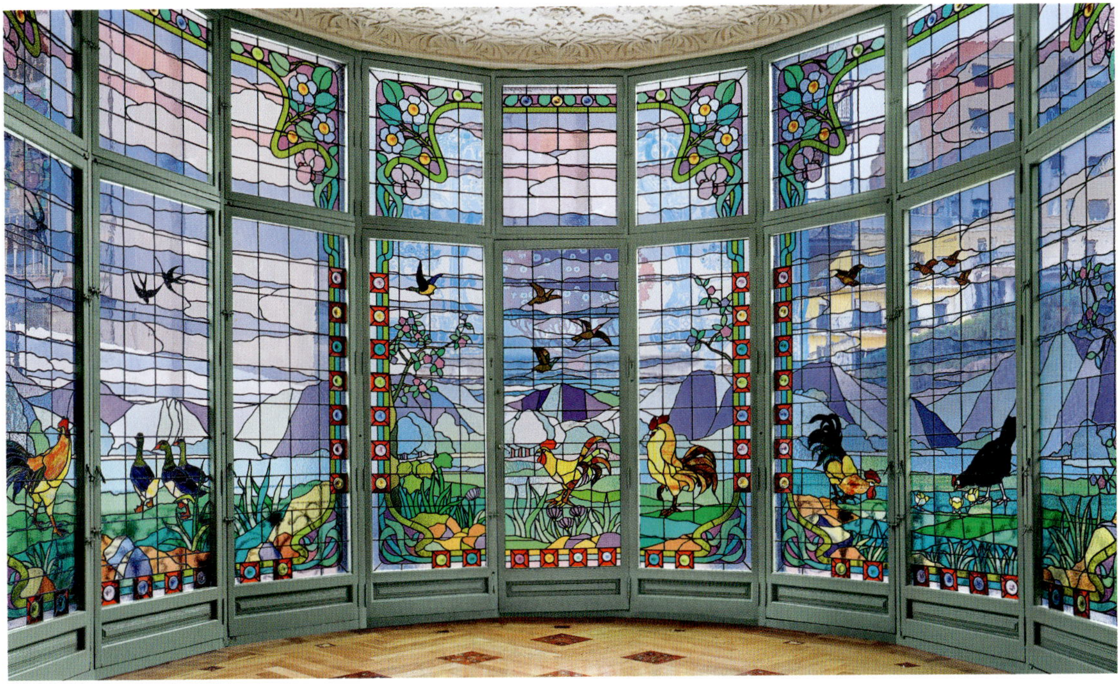

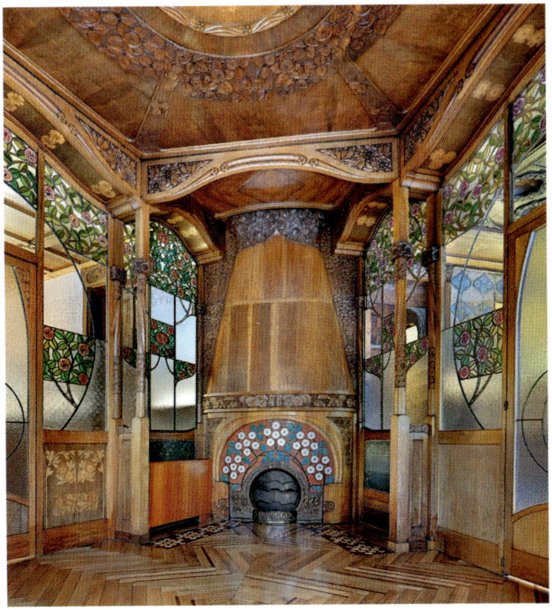

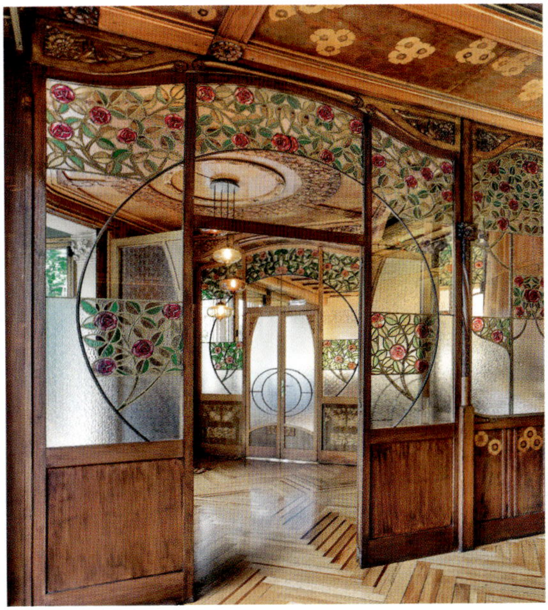

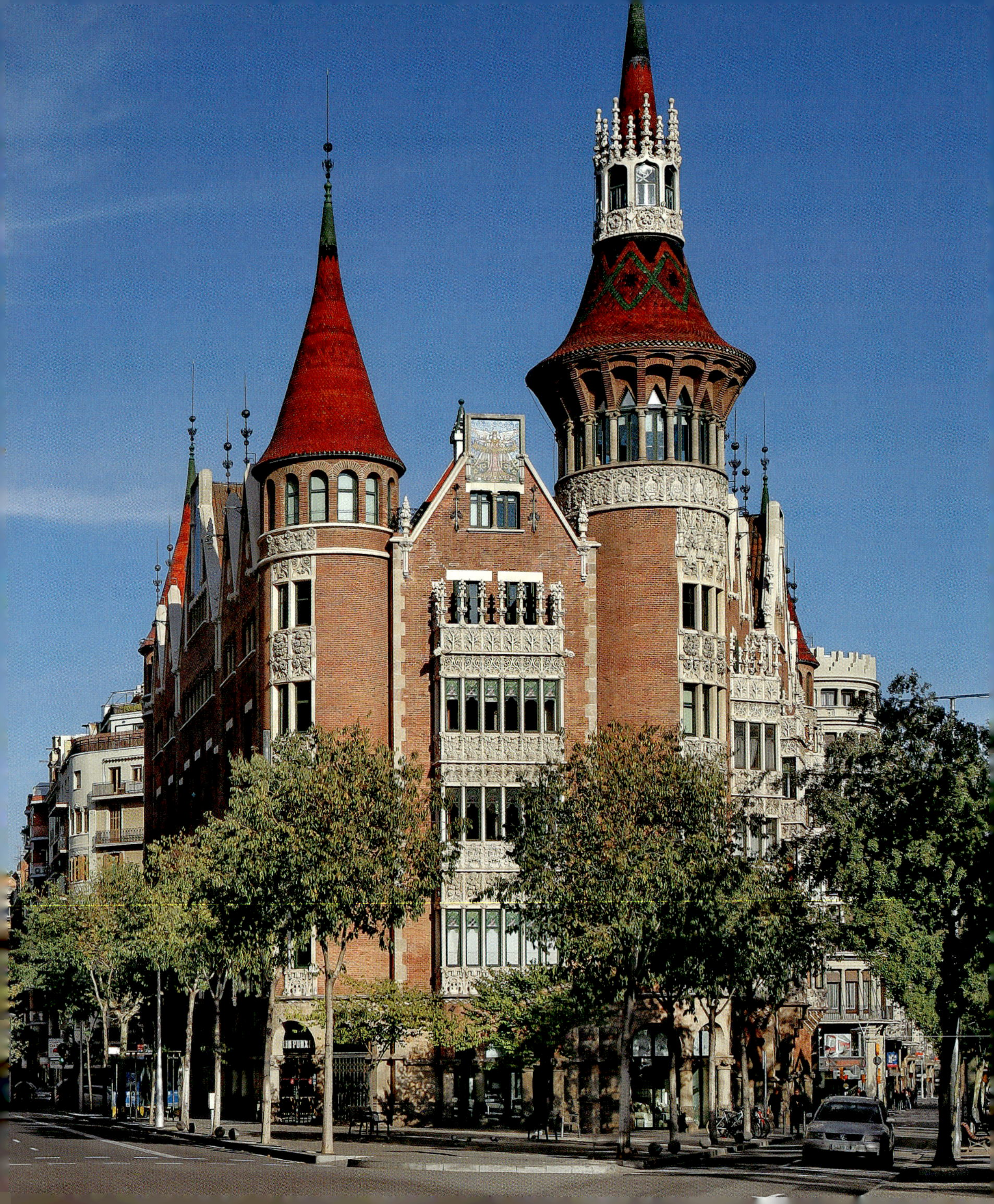

← **Casa Terrades**
Von einem Schloss inspiriert. 1905 von Puig i Cadadalch.

Mosaik
Dieses Bild des Heiligen Georg verziert die Fassade der Casa Terrades.

→ **Casa Berenguer**
Für die Dekoration der Gemeinschaftsbereiche des Gebäudes ließen sich die Gebrüder Bassegoda von der Pflanzenwelt inspirieren.

↓ **Lampe**
Schmiedeeiserne Lampe im Palau del Barón de Quadras.

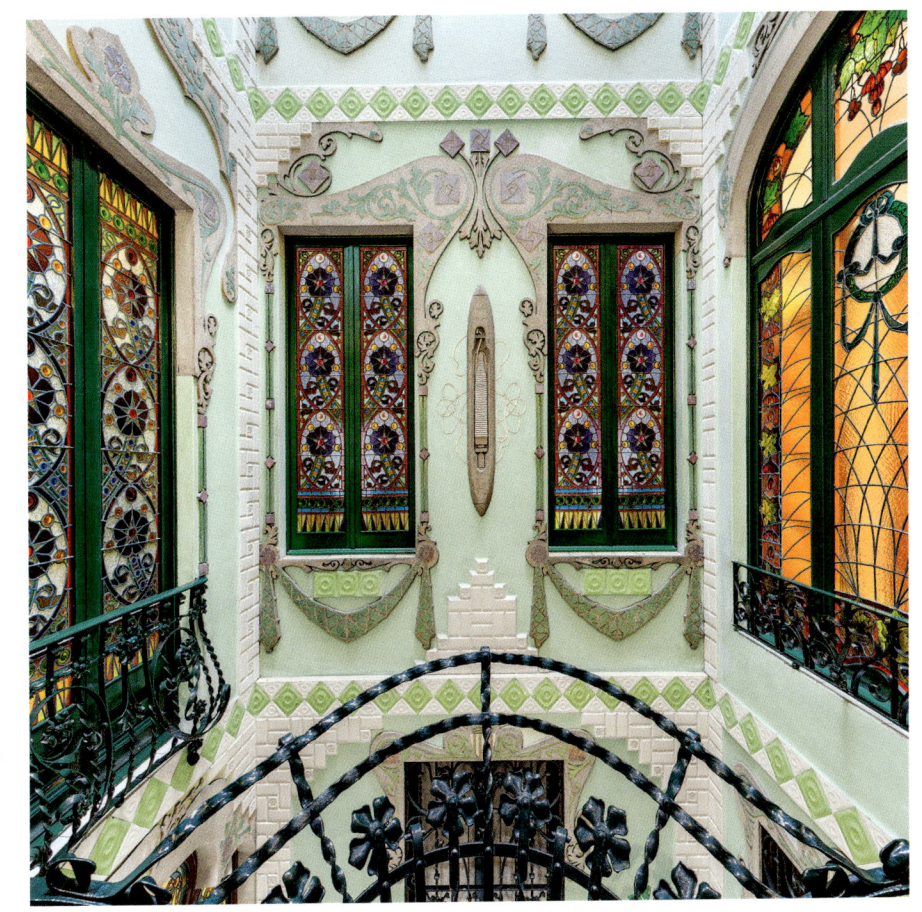

Das Eixample

Das Stadtgefüge, das nach dem Abriss der mittelalterlichen Stadtmauer entstand, wurde von modernistischen Architekten bebaut, die neue bauliche Lösungen entwickelten, um das volle Potenzial der Grundstücke zu nutzen. Das Bürgertum fand im Eixample die Möglichkeit, sein Kapital zu vermehren, indem sie Investitionen in Wohngebäude tätigte, die als ihre eigenen Wohnhäuser oder als Mietwohnungen dienten. Sie entsprachen den neuesten Hygienekriterien und waren mit einer guten Beleuchtung und Belüftung ausgestattet. In der Regel hatten sie ein auffällig verziertes Erdgeschoss - oft als Ladengeschäfte genutzt - eine Hauptetage, in der die Eigentümer wohnten und weitere drei bis sechs Stockwerke mit Mietwohnungen.

Casa Sayrach. Manuel Sayrach – stark von Antoni Gaudís Werk beeinflusst – baute im Jahre 1918 dieses organisch anmutende Gebäude.

Casa Montserrat. Sayrach baute dieses Haus für seine Frau. Es bezeugt die Vorliebe des Architekten für gebogene Linien.

Modernistische Möbel

Die Ausbreitung des Modernismus auf alle künstlerischen Disziplinen zeigte sich in der Gestaltung der Möbelstücke, gekennzeichnet durch die Verwendung geschwungener Linien und von der Natur inspirierter Details.

← **Lampe**
Die Struktur aus Bronze stützt einen schillernden Glasschirm mit Fransen.

→ **Stühle**
Ihre raffiniert gestalteten Strukturen beruhen auf Formen aus der Natur.

✱ Häusliche Kunst
Das Museum des katalanischen Modernismus sammelt Möbel aus den wichtigsten Ateliers Barcelonas.

❶ Vitrine
Die Pflanzenmotive, die den Bergahorn schmücken, wurden mit der Brandmaltechnik hergestellt.

❷ Wandtruhe
Der Kunsthandwerker Gaspar Homar verwendete verschiedene Holzarten, um die Szene darzustellen.

Gebogene Linien
verleihen Dynamik.

③
Schirmständer
Joan Busquets kombinierte Buchenholz mit Mosaik, um dieses asymmetrische Möbelstück zu kreieren.

④
Bett
1908 von Gaspar Homar entworfen. Sein Kopfteil ist mit dem Bild eines Schutzengels verziert.

⑤
Schlafzimmer
Die Verzierung deutet auf die beim katalanischen Bürgertum beliebte Heilige Familie und den Heiligen Georg an.

Arquilla
Im Jahr 1909 von Joan Busquets hergestellt.

Casa Fuster. Im Jahr 1908 von Domènech i Montaner entworfen. Ein Geschenk des Geschäftsmanns Mariano Fuster für seine Frau Consuelo Fabra.

Casa Comalat
1911 von Salvador Valeri i Pupurull erbaut. Es weist geschwungene Formen und vielfältige Verzierungen auf.

Das Erbe eines Verlegers

Der Verlagsmagnat Montaner beauftragte seinen Neffen, den Architekten Lluís Domènech i Montaner, seinen Geschäftssitz und sein Haus zu bauen.

Verlag Montaner i Simon
Nach seiner Arbeit als Buchbinder und Typograf schloss sich Ramon Montaner 1861 mit Francesc Simon zusammen, um einen auf Luxusbücher spezialisierten Verlag zu gründen. Aufgrund der guten Geschäftsentwicklung beauftragte der Verleger 1879 seinen Neffen, den Architekten Lluís Domènech i Montaner, den neuen Geschäftssitz in der Carrer d'Aragó zu entwerfen. Dieser vereinte Funktionalität und Ästhetik in einem dreistöckigen Gebäude mit Backsteinfassade, einem Mittel industrieller Herkunft, das damals in Städten kaum verwendet, aber dann zu einem der Hauptkennzeichen der modernistischen Architektur wurde.

Kulturzentrum
Der Verlag Montaner i Simon ist Sitz der Stiftung Antoni Tàpies, die sich dem Leben und Werk des Malers widmet.

Zahnrad
Das offene Buch auf dem Emblem des Verlags spielt auf den Beruf der Besitzer des Gebäudes an.

1990
IN JENEM JAHR
entwarf Antoni Tàpies diese wolkenförmige Skulptur, die das Gebäude krönt.

Relief
Eine Hommage an den Historiker Lafuente. Der Verlag veröffentlichte sein Werk.

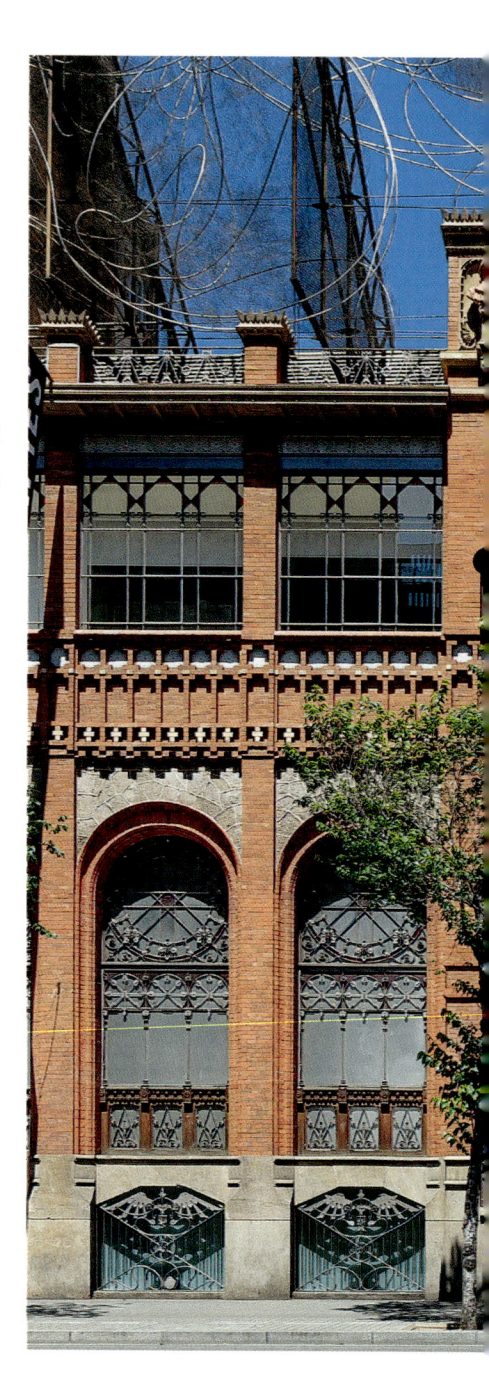

Cervantes
Beherrscht die Fassade. Neben ihm die Büsten von Dante und Milton.

Fassade. Mit modernistischen Details.

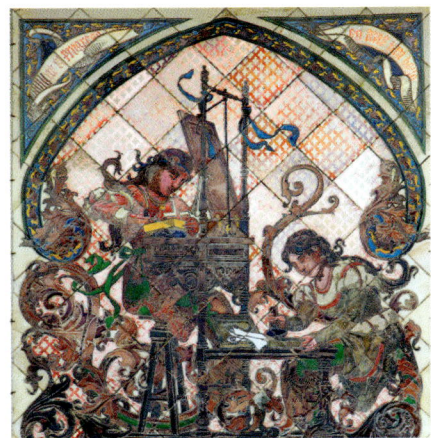

Wandbild. Aus glasiertem Ton.

Palau Montaner

In der Carrer de Mallorca aus einer 1889 von Josep Domènech i Estepà begonnenen Struktur erbaut. Das Wohnhaus von Ramon Montaner wurde von Lluís Domènech i Montaner fertiggestellt, der eine dritte Etage hinzufügte und die Innenräume modernistisch gestaltete. Seit 1980 der Sitz der Regierungsvertretung.

Naturalismus. Die Faszination der modernistischen Architekten für die Tierwelt spiegelte sich in der Gestaltung der Häuser wider.

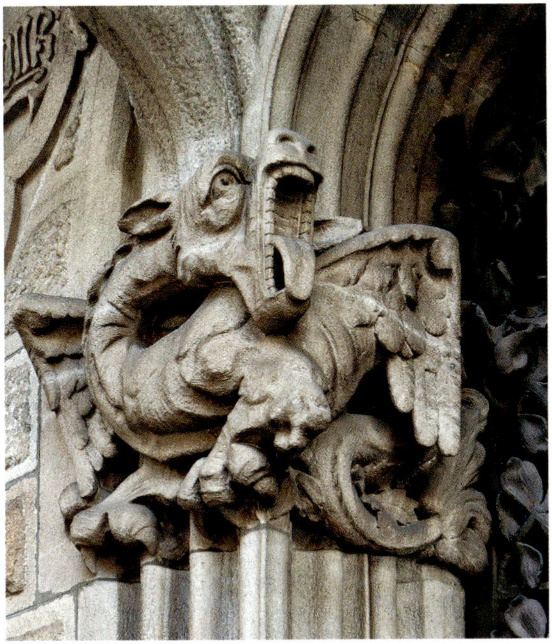
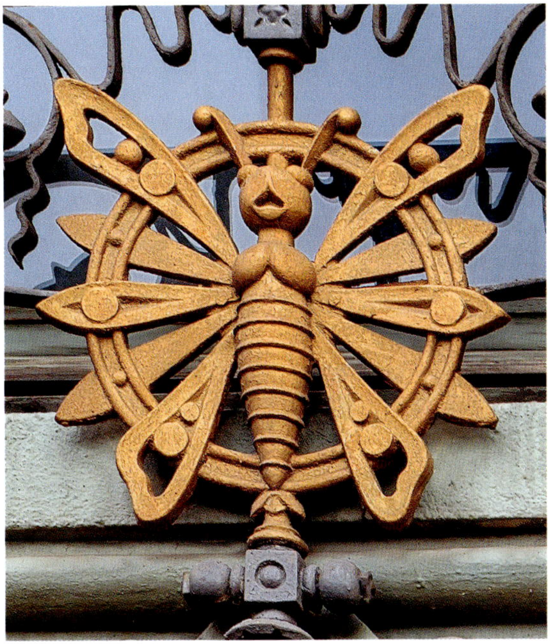
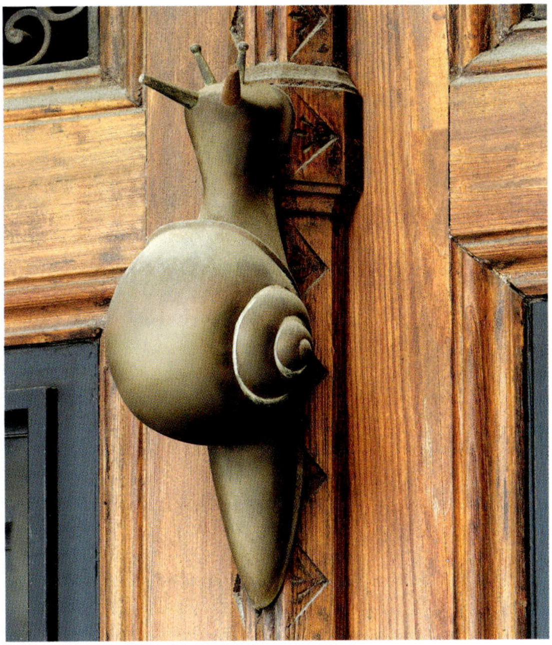
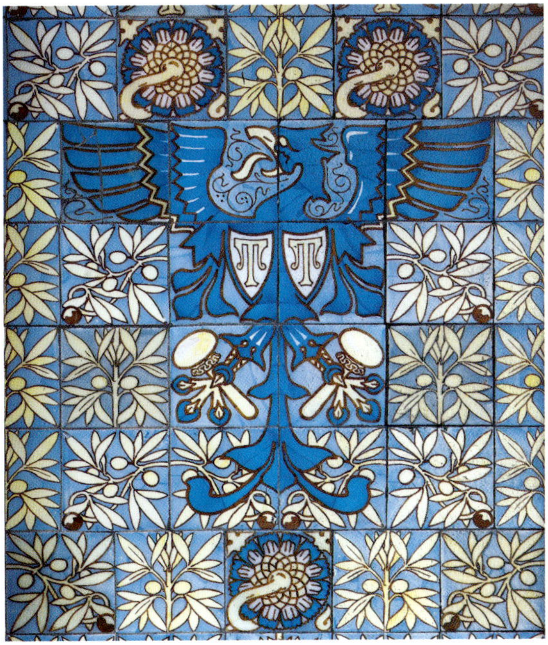

Palau del Baró de Quadras

Manuel Quadras i Prim, Sohn eines reichen Geschäftsmanns, erhielt 1900 den Titel Baron. Quadras wollte, dass seine Wohnung – welche die Hauptetage des Gebäudes einnehmen sollte – ganz deutlich seinen Adelsstatus widerspiegelte. Außerdem wollte der Baron die drei obersten Stockwerke des Hauses für Mietwohnungen vorsehen, so wie viele andere Immobilienbesitzer das damals machten. Um den Anforderungen seines Auftraggebers gerecht zu werden, entwarf Puig i Cadafalch zwei verschiedene Fassaden. Die als mittelalterlicher Palast konzipierte Fassade zur Avinguda Diagonal hin, wo sich der Eingang befand, der dem Hausbesitzer vorbehalten war, wurde aus gemeißeltem Stein errichtet. Sie wurde mit einer beeindruckenden längslaufenden Galerie im neugotischen Stil versehen und mit allegorischen Skulpturen verziert. Die Gestaltung der Rückfassade hingegen, die von der Carrer del Rosselló aus sichtbar war und zu den Mietwohnungen führte, war viel schlichter – wie die meisten Mehrfamilienhäuser im Eixample –. Das im Jahr 1906 fertiggestellte Haus wurde bis 1974 von der Familie des Barons von Quadras bewohnt. Heute gehört es der Stadt Barcelona.

↓
Verzierungen
Die Elemente der Bildhauer Eusebi Arnau und Alfons Juyol betonen das mittelalterliche Aussehen des Palasts.

←
Eingangshalle
Sie ist durch eine große Tür aus Schmiedeeisen, die von Manuel Ballarí angefertigt wurde, von der Straße geschützt.

→
Zentraler Innenhof
Dieser Bereich, in den viel Tageslicht einfällt, weist eine eklektische Dekoration auf, bei der Elemente aus der Gotik mit orientalisch angehauchten Details kombiniert werden, wie die Keramikleisten an den Wänden und der Brunnen aus gemeißeltem Stein. Dank dieses Stilmixes gilt der Innenhof als einer der herrlichsten Räume des Gebäudes von Josep Puig i Cadafalch.

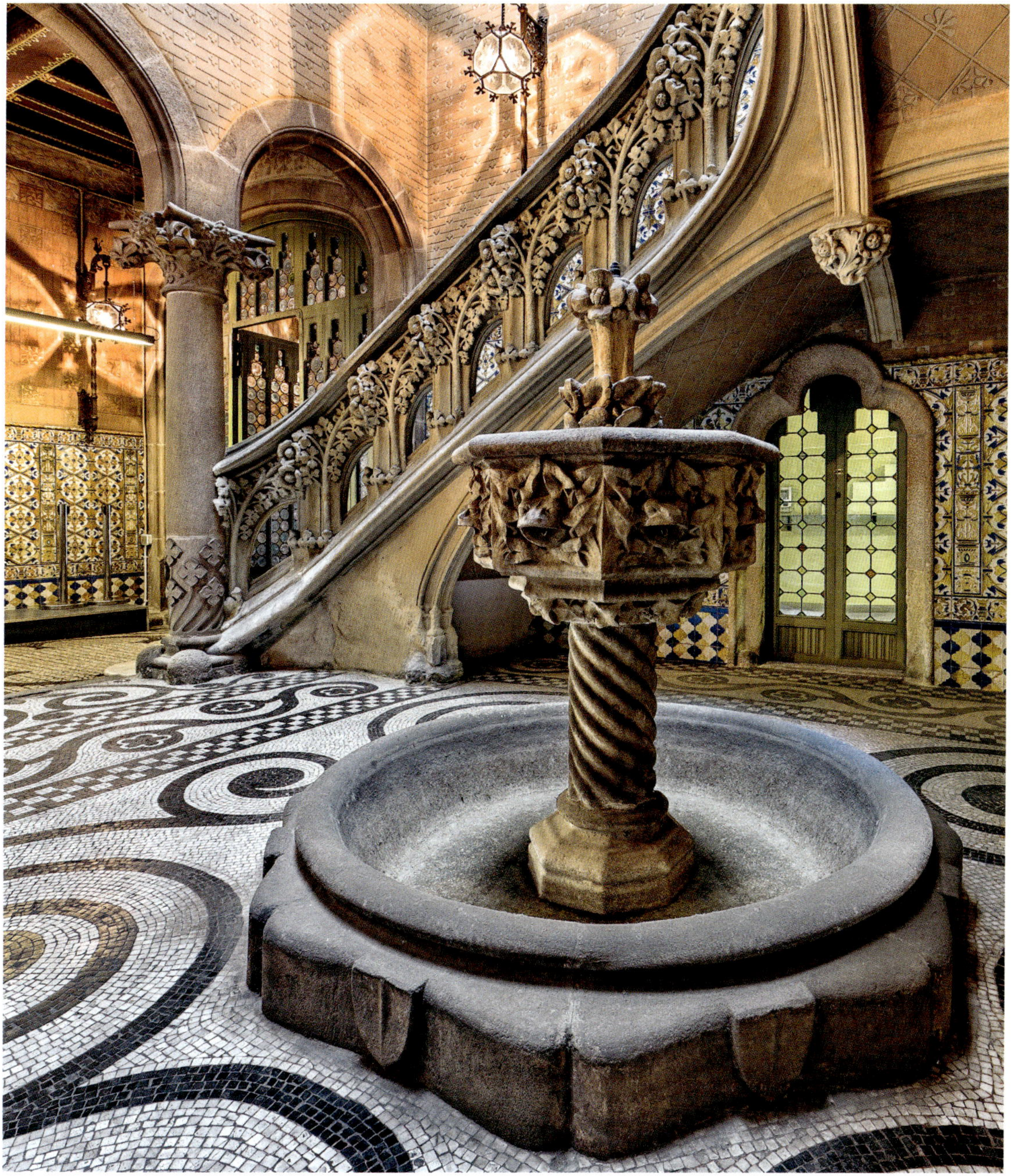

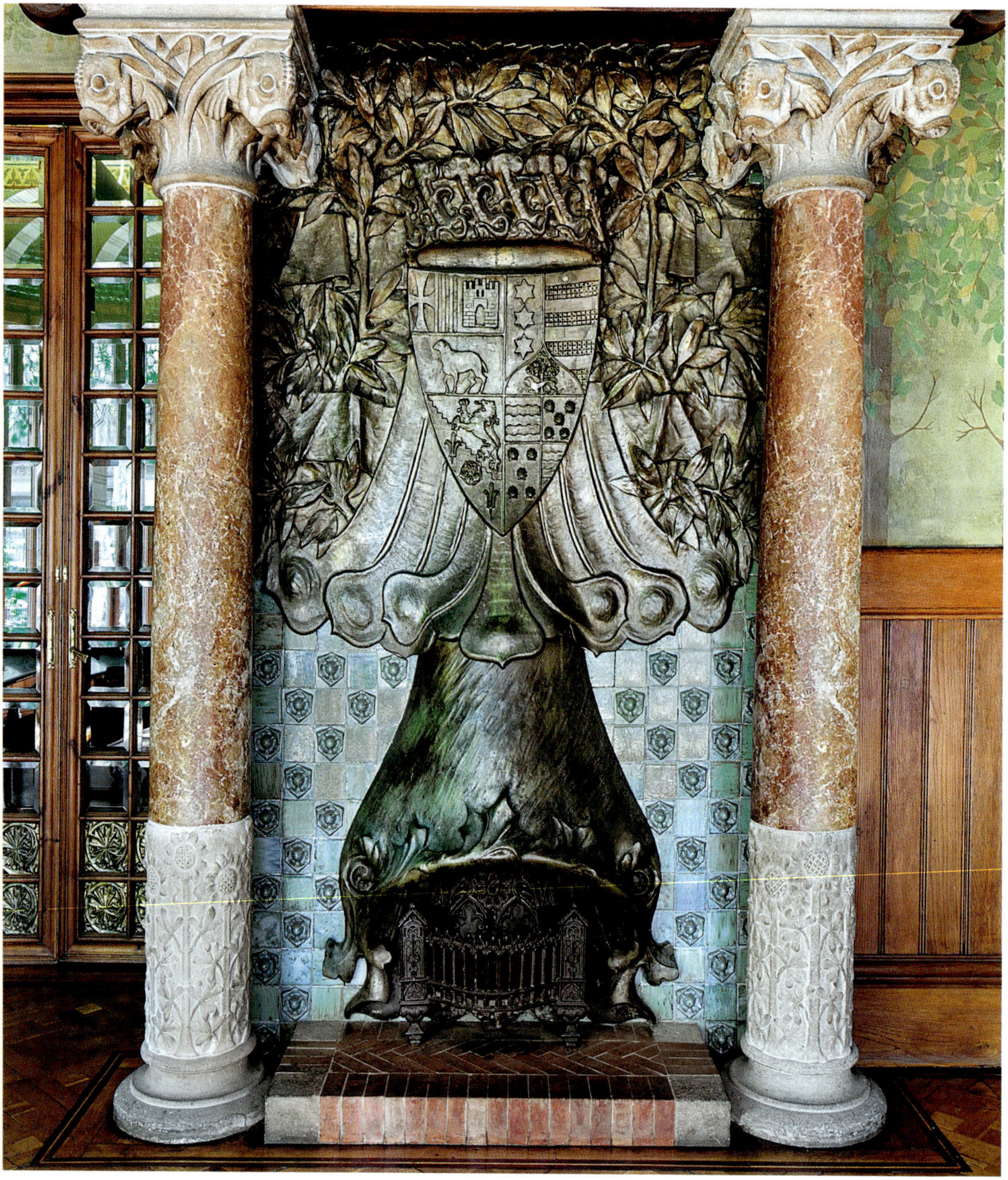

105

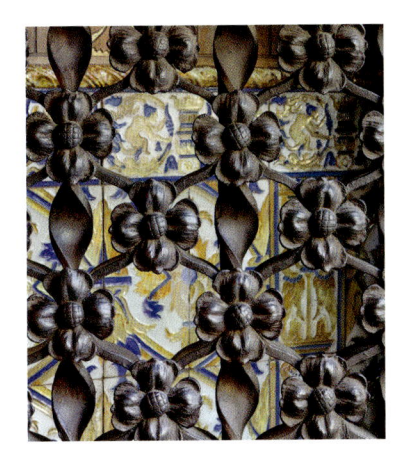

Hospital de Sant Pau

Das von Lluís Domènech i Montaner entworfene Krankenhausgelände besitzt eine Fläche von mehr als neun Hektar und ist damit der größte modernistische Zivilbau in ganz Europa.

↙
Verzierter Giebel
Die Pflanzenornamente und das Kreuz aus Keramik passen zu den Zierelementen, die Lluís Domènech i Montaner auf dem ganzen Gelände angebracht hat.

Ehrgeiziges Projekt
Der Bau des Hospital de Sant Pau war dank einer Spende des Bankiers Pau Gil möglich, der ein medizinisches Referenzzentrum in der Stadt erschaffen wollte. Die Anlage wurde auf dem Gelände des Hospital de la Santa Creu entworfen und seine Gestaltung übernahm Lluís Domènech i Montaner, der eine Reihe von unabhängigen Pavillons konzipierte, umgeben von Gärten und durch unterirdische Gänge miteinander verbunden. Letztlich wurden nur 27 der 48 geplanten Gebäude gebaut, aber das ursprüngliche Dekorationsprogramm wurde eingehalten, dessen Formvielfalt durch Skulptur- und Keramikelemente entstand.

→
Verwaltungspavillon
Sitz der Verwaltungsbüros und der Krankenhausaufnahme.

1905
IN JENEM JAHR begann der Bau des Verwaltungspavillons, der 1910 fertiggestellt wurde.

❶ Haupteingang
Von Josep Perpiñà aus Schmiedeeisen entworfen. Mit einem Tatzenkreuz gekrönt.

❷ Wappen
Domènech i Montaner entwarf das Emblem des Krankenhauses im modernistischen Stil.

Säulen
Für sie nahm der Architekt Backstein.

Pavillon
In ihm befindet sich eine von Eusebi Arnau entworfene Skulptur des Heiligen Paulus.

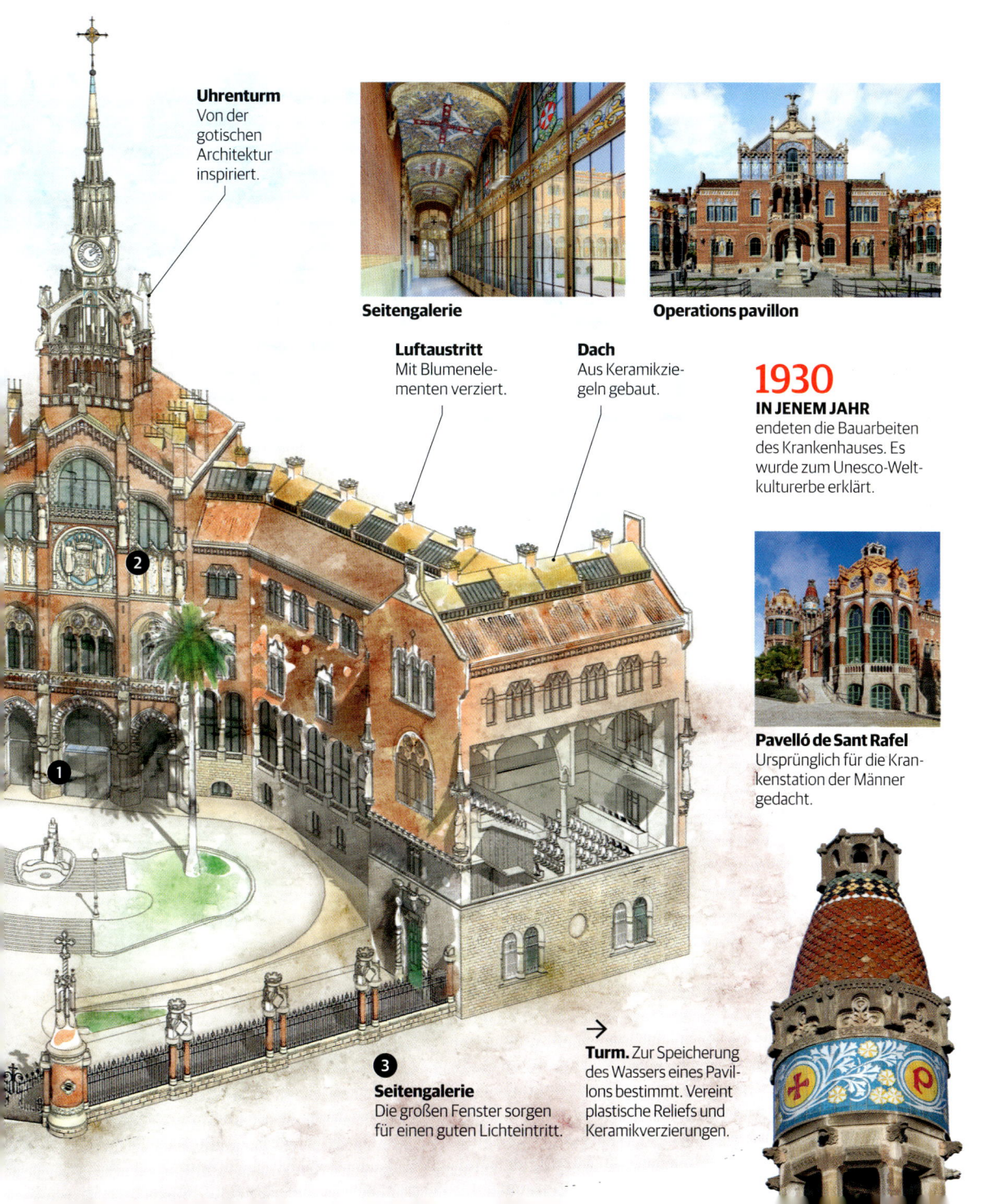

Uhrenturm
Von der gotischen Architektur inspiriert.

Seitengalerie

Operations pavillon

Luftaustritt
Mit Blumenelementen verziert.

Dach
Aus Keramikziegeln gebaut.

1930
IN JENEM JAHR
endeten die Bauarbeiten des Krankenhauses. Es wurde zum Unesco-Weltkulturerbe erklärt.

Pavelló de Sant Rafel
Ursprünglich für die Krankenstation der Männer gedacht.

❶ ❷

❸ **Seitengalerie**
Die großen Fenster sorgen für einen guten Lichteintritt.

→ **Turm.** Zur Speicherung des Wassers eines Pavillons bestimmt. Vereint plastische Reliefs und Keramikverzierungen.

A 1905

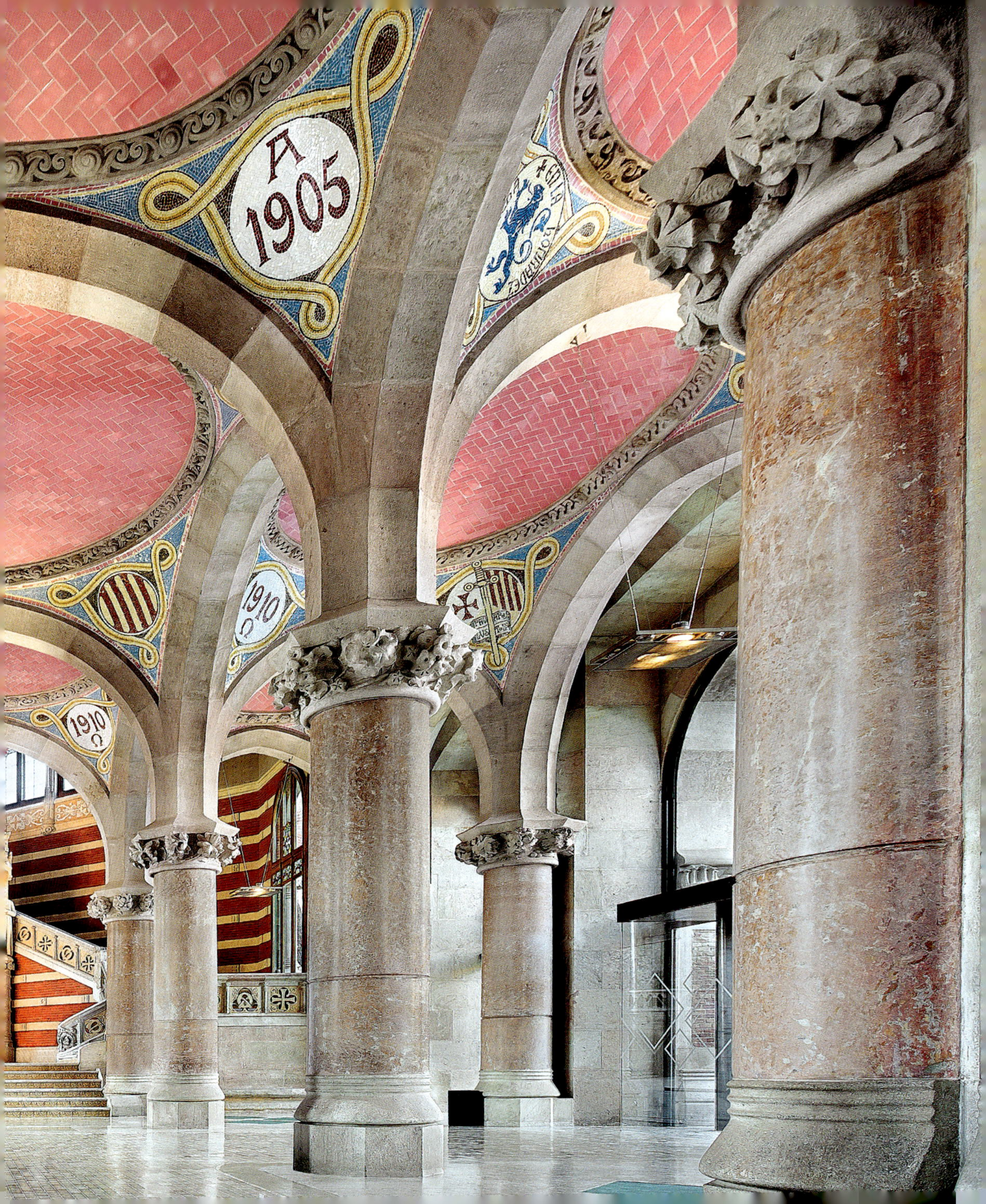
A
1905
1910
Ω

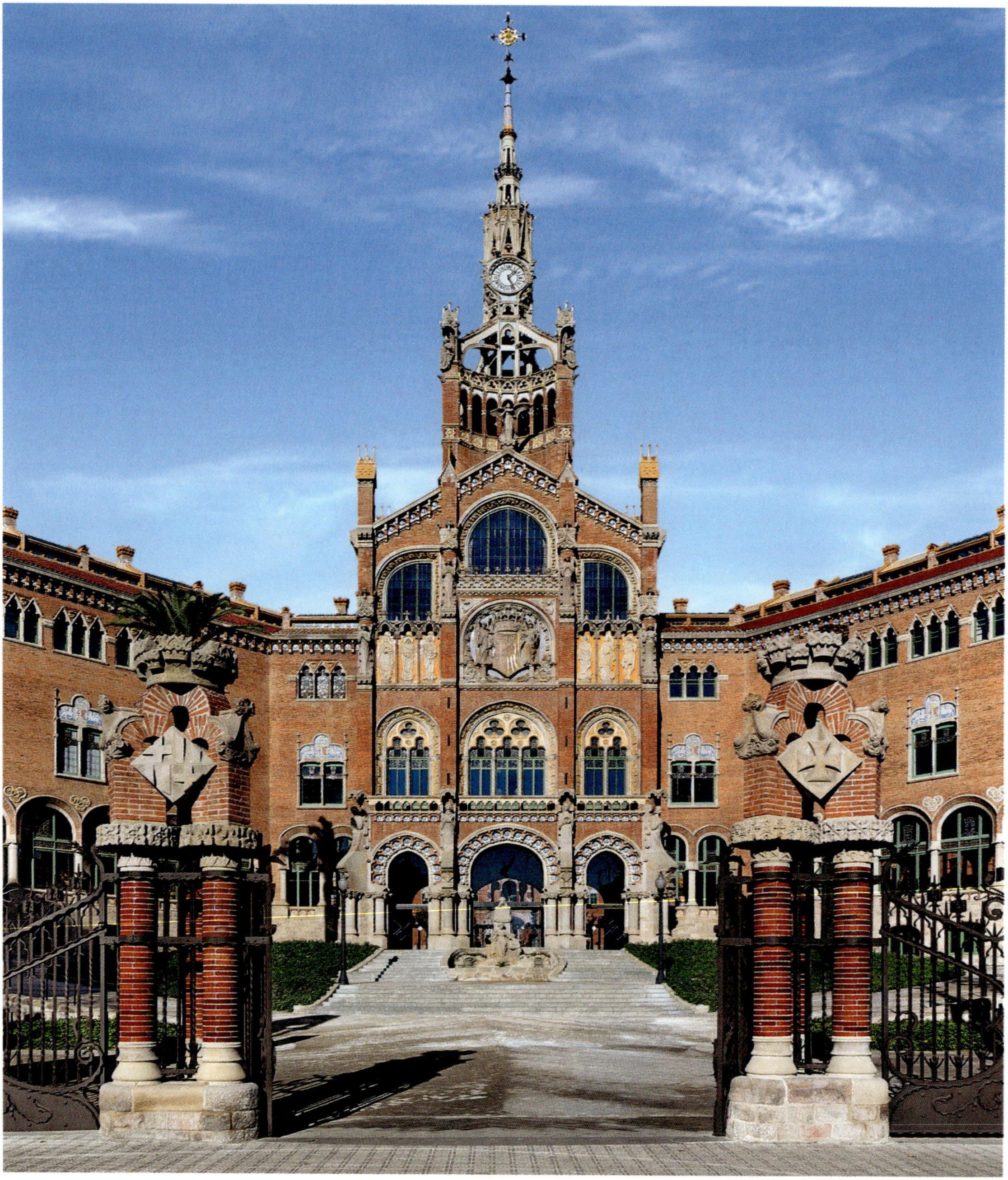

← **Reiche Verzierungen**
Domènech wollte aus dem Hospital de Sant Pau einen lebendigen Raum machen, der die Fortschritte der modernen Medizin widerspiegeln und sich von der alten Vision, die man von Krankenhäusern hatte, verabschieden sollte.

Mosaik
An der Fassade des Verwaltungspavillons wird die Geschichte der Einrichtung dargestellt.

→ **Auditorium**
Mit einer Fläche von 170 Quadratmetern ist dies der Raum mit der größten Dekorationsvielfalt.

Cherub
An zahlreichen Stellen im Krankenhaus, wie an den Kragsteinen der Pavillons, sind Engelsbilder zu sehen.

Eine unabhängige Stadt

Domènech stellte sich das Hospital de Sant Pau wie eine große, unabhängig funktionierende Gartenstadt vor. Dabei hatte er die in Europa aufkommenden Hygiene- und Gesundheitstheorien im Kopf, die danach strebten, das Wohlbehagen der Patienten zu wahren. Dieser Idee zufolge verlieh der Architekt der Anlage ein eigenes städtisches Gefüge, dessen Ausrichtung er gegenüber dem Raster des Eixample um 45 Grad drehte, um eine klare Trennung zwischen den Krankenhauseinrichtungen und der umliegenden Stadt zu schaffen. Außerdem ordnete Domenèch die Grundfläche der Anlage an zwei Achsen an, einer vertikalen und einer horizontalen, in Form eines Kreuzes. Dieser Entwurf - der für eine effiziente interne Verbindung der Anlage sorgte - spielte auf das Emblem des alten Hospital de la Sant Creu an und sollte ein Symbol für die Heilung der Patienten sein.

Modernistische Geschäfte

Das Aufkommen des Modernismus beeinflusste selbst die alltäglichsten Aspekte des Lebens in Barcelona, was sich in der Verwandlung der Ladengeschäfte der Stadt zeigte.

Visuelle Reklame

Obwohl die modernistische Architektur eng mit dem gehobenen Bürgertum zusammenhing, nahm sie in Barcelona einen transversalen Charakter an, da sie auch die Außen- und Innengestaltung zahlreicher Geschäfte in der Stadt beeinflusste. Genauso wie die Wohnhäuser der reichsten Familien fantasiereich gestaltet wurden, so beauftragten auch die Konditoreien, Bäckereien, Lebensmittelgeschäfte, Apotheken, Cafés und Hutgeschäfte die besten Handwerker, um in diesem zunehmend dynamischen Wettbewerbsumfeld ihr Erscheinungsbild aufzupolieren und die Aufmerksamkeit der Passanten auf sich zu ziehen.

→
Forn de la Concepció
Vom Architekten Josep Suñer entworfene Bäckerei.

Skulptur
Diente als Reklame für das Textilgeschäft El Indio.

Casa Bruno Cuadros
Von Josep Vilaseca entworfen. Die Dekoration spielt auf Regenschirme an.

←
Forn Sarret
Die 1898 eröffnete Bäckerei sticht durch ihre gewundenen Holzeinlegearbeiten hervor.

Kunsthandwerklicher Anspruch

Die Vielfarbigkeit und die geschwungenen Formen der modernistischen Architektur ermöglichen es nicht nur, die Schaufenster und Ladentheken der städtischen Geschäfte attraktiv zu gestalten, sondern auch die Arbeiten der Kunsthandwerker aufzuwerten in einer Zeit, die aufgrund der industriellen Produktionssysteme von Homogenität gekennzeichnet war.

Grill Room. Von Ricard Capmany dekoriert. Wurde 1902 unter dem Namen Petit Torino eröffnet.

Apotheke wurden zwischen 1889 und 1914 eröffnet, zeitgleich mit dem Boom des Modernismus.

Farmàcia Bolós

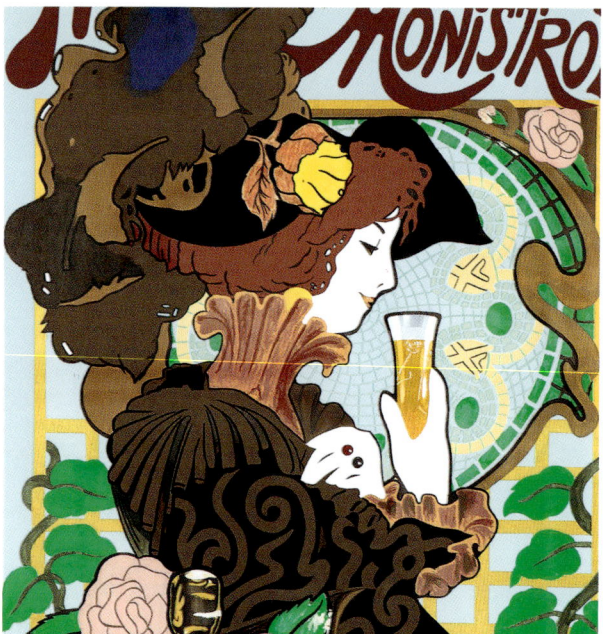

Plakatgestaltung

Mit dem Aufstreben des Modernismus begannen die Plakate über ihre Werbefunktion hinauszugehen und zu einer neuen Form des künstlerischen Ausdrucks zu werden. Führende Maler wie Ramon Casas, Antoni Utrillo, Adrià Gual und Alexandre de Riquer nahmen an Wettbewerben teil, um mit Originalität und ästhetischer Raffinesse für Getränke, Zigaretten und Sportveranstaltungen zu werben. Aufgrund ihres künstlerischen Werts stellen die Plakate – die schnell das Interesse der Sammler weckten – wahre Ikonen der katalanischen Kunst des späten 19. und frühen 20. Jh. dar.

115

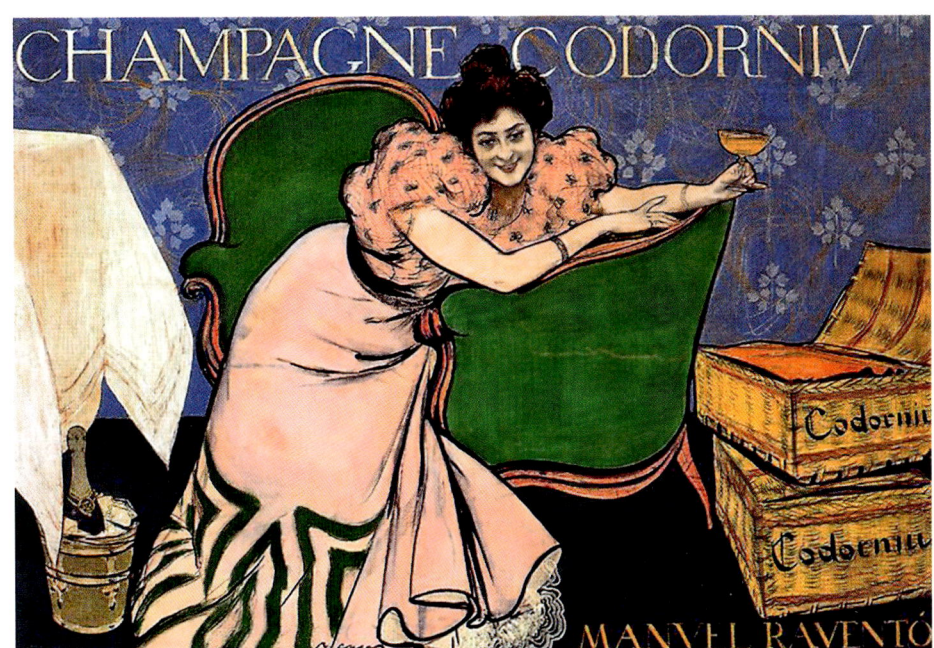

116

← **Hotel Espanya**
Lluís Domènech i Montaner entwarf die Innendekoration.

Els 4 Gats

Wappen. Verziert die Fassade der Casa Martí, die von 1895 bis 1896 von Josep Puig i Cadafalch erbaut wurde.

Casal de l'Estalvi

→ **Triumphbogen**
Er war als Haupteingangstor zum Gelände der Weltausstellung 1888 gedacht, und von Josep Vilaseca entworfen.

Altstadt

Obwohl die Ciutat Vella durch ihre mittelalterliche Struktur limitiert war und ein kleineres Gebiet als andere Stadtviertel einnahm, war sie für die Ausbreitung des Modernismus entscheidend. In der Altstadt wurden Gebäude wie die Casa Martí - in deren Erdgeschoss sich die Taverne Els Quatre Gats befand, häufig von Malern wie Santiago Rusiñol, Ramon Casas und Pablo Picasso besucht - das Casal de l'Estalvi oder das Hotel Espanya, die die Fähigkeiten der wichtigsten Künstler des Modernismus aufzeigen, Elemente aus der Gotik in ihre architektonische Sprache zu integrieren. All diese Werke waren entscheidend, da sie die mittelalterliche Vergangenheit der Stadt verherrlichen und die Monumentalität solcher Stadtteile betonten, die Jahrhunderte zuvor das Symbol der katalanischen Hochblüte waren.

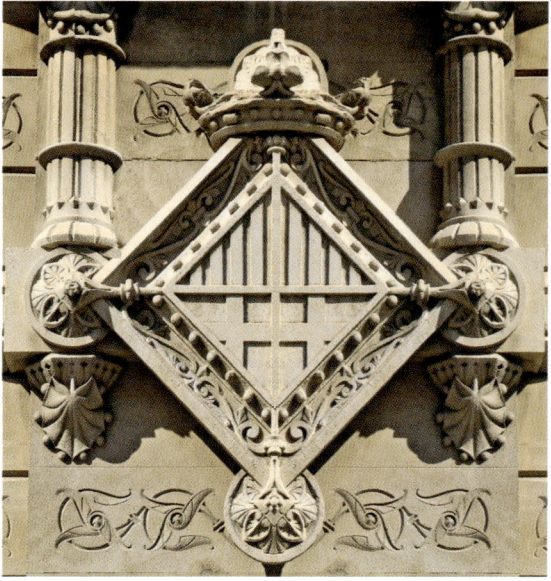

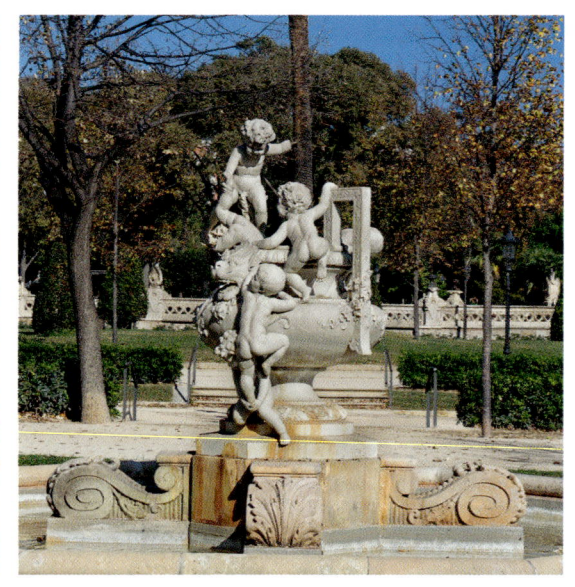

Park Ciutadella. Barcelona feierte im Jahr 1888 die erste Weltaustellung der Geschichte Spaniens. Sie trug zur Förderung von Industrie, Handel und Kunst bei und nutzte die Stärke der Stadt in diesen Bereichen. Austragungsort war ein Park – von Josep Fontserè auf dem Gelände der ehemaligen Festung Ciutadella entworfen – in dem Denkmäler und Gebäude errichtet wurden, wie das Castell dels Tres Dragons und der Wasserfall, die den Aufschwung der modernistischen Architektur im restlichen Teil der Stadt ankündigten.

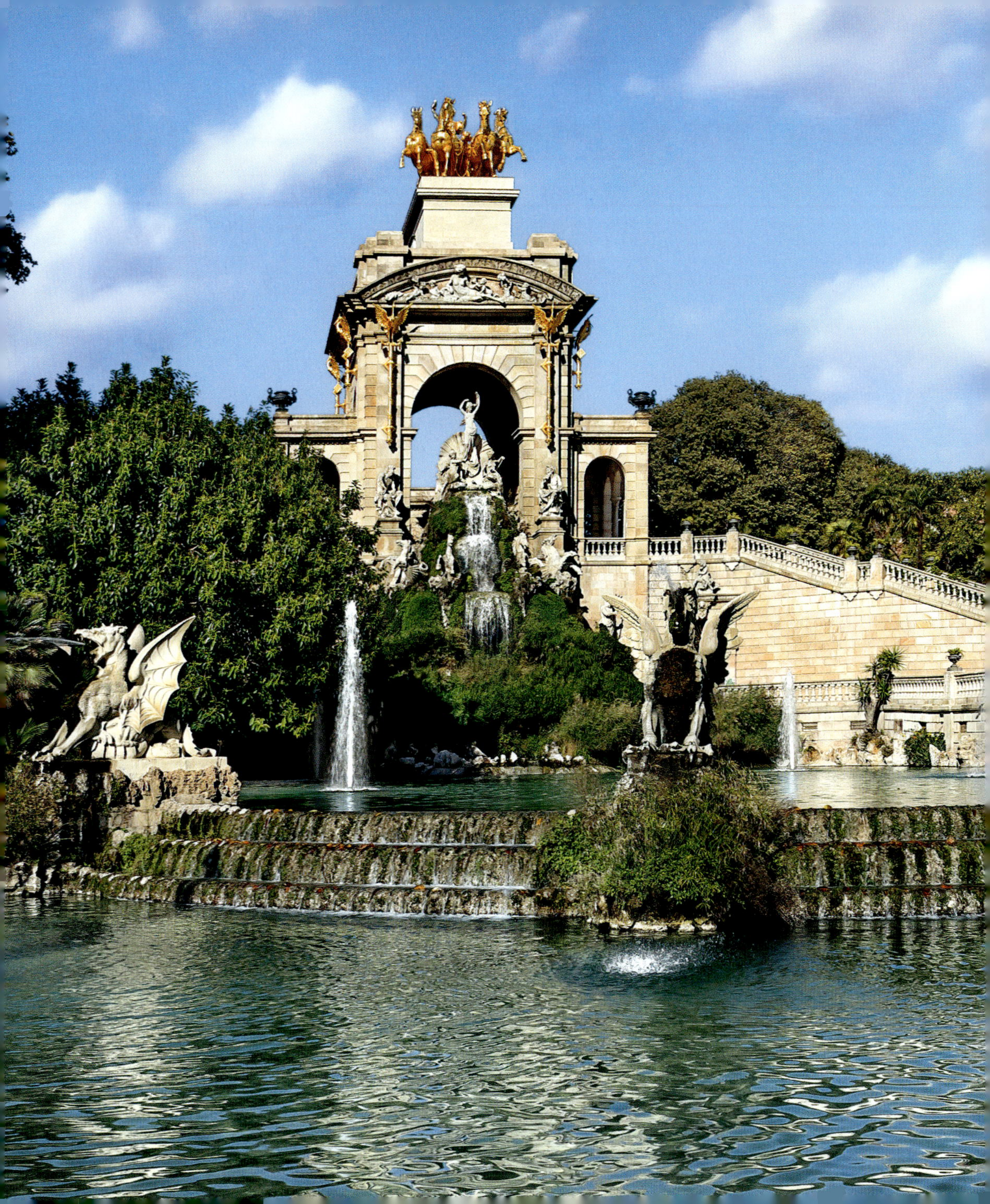

Palau de la Música

Der mit Volksspenden finanzierte Konzertsaal Orfeó Catalá ist Ergebnis des schöpferischen Geists des Architekten Lluís Domènech i Montaner und einer Reihe von erstklassigen Handwerkern.

Kulturikone

Der von 1905 bis 1908 im Stadtviertel Sant Pere erbaute Palau de la Música Catalana wurde von Lluís Domènech i Montaner als Sitz des Orfeó Catalá entworfen, einem Gesangsverein, der im späten 19. Jh. von den Musikern Lluís Millet und Amadeu Vives gegründet worden war. Durch die Kombination von industriellen Baustoffen mit allegorischen Handwerksornamenten entwarf der Architekt ein beeindruckendes Gebäude, das die Wiederbelebung der katalanischen Kultur widerspiegelte und ein Identitätsmerkmal consiguieron darstellte, das seine politischen Bestrebungen vermitteln sollte.

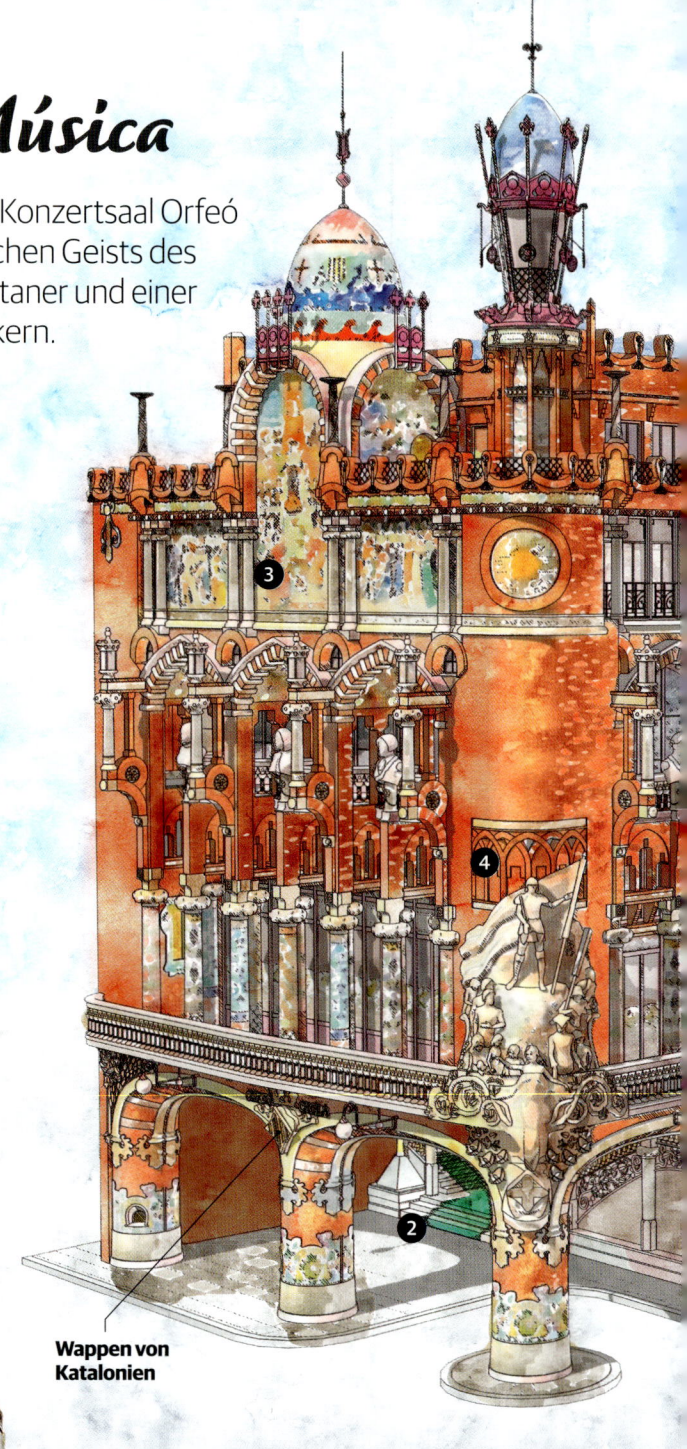

→
Domènech i Montaner
Architektur und Lehre, Geschichte und Politik.

4

Wappen von Katalonien

→ **Wagner**
Büsten klassischer Komponisten schmücken die Fassaden.

→ **Blumendekoration**
An Elementen wie den Säulen des Hauptbalkons und der Kasse.

Orgel

← **Anordnung**
Die Diensträume und der Proberaum sind im Erdgeschoss, das Auditorium im ersten Stock.

1394
QUADRATMETER
ist die Fläche des Geländes, auf dem das Gebäude entstand.

↓ **Schmiedeeiserne Laterne.** Die Pflanzenornamente harmonieren mit dem Gebäude.

❶ **Skulptur der Musen**

❷ **Hauptfoyer**

❸ **Mosaik**
Werk von Lluís Bru, stellt den Chor des Orfeó Català dar.

❹ **„Das Volkslied"**
Unter der Skulptur des Heiligen Georg erscheinen Persönlichkeiten, die das katalanische Volk darstellen.

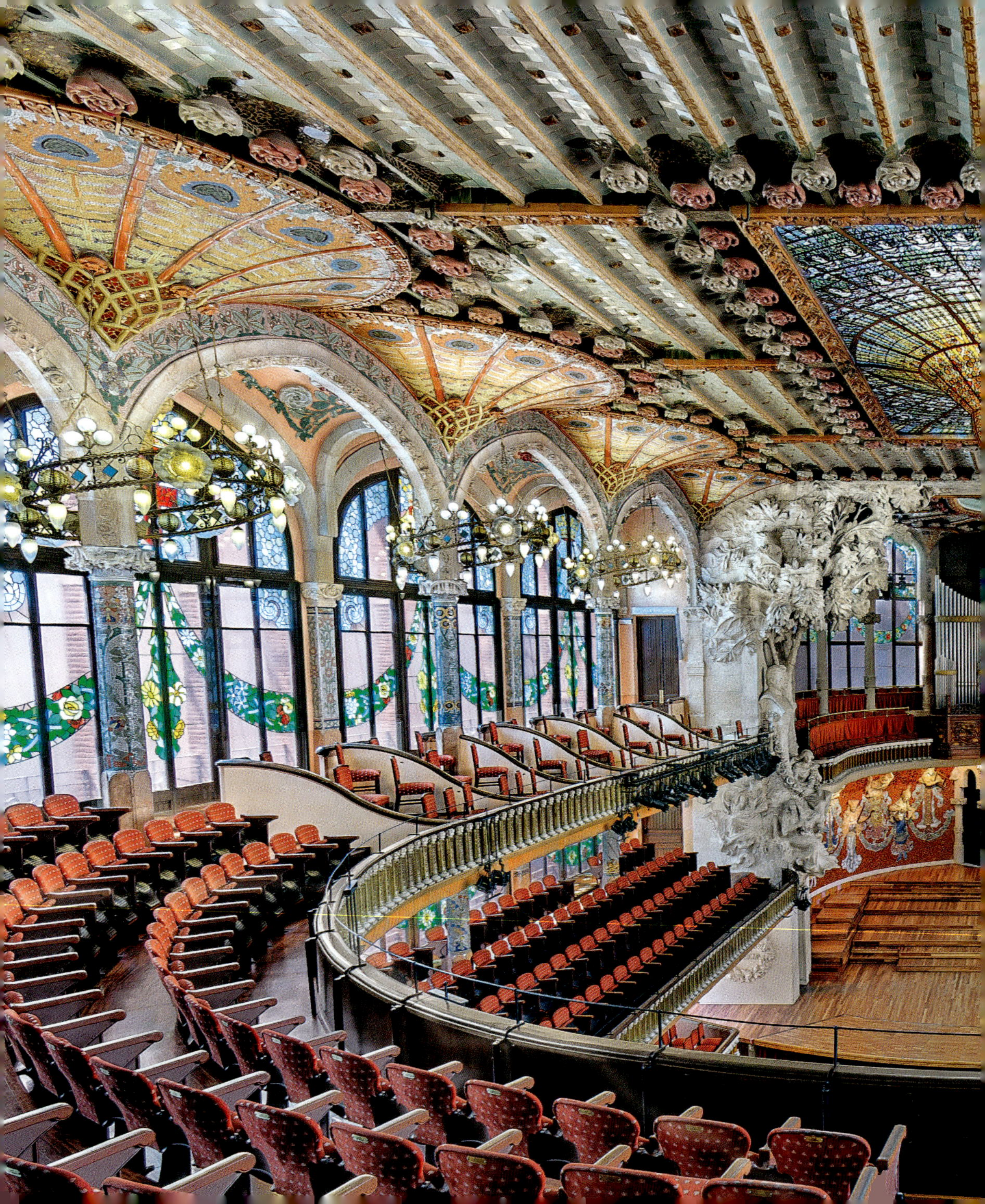

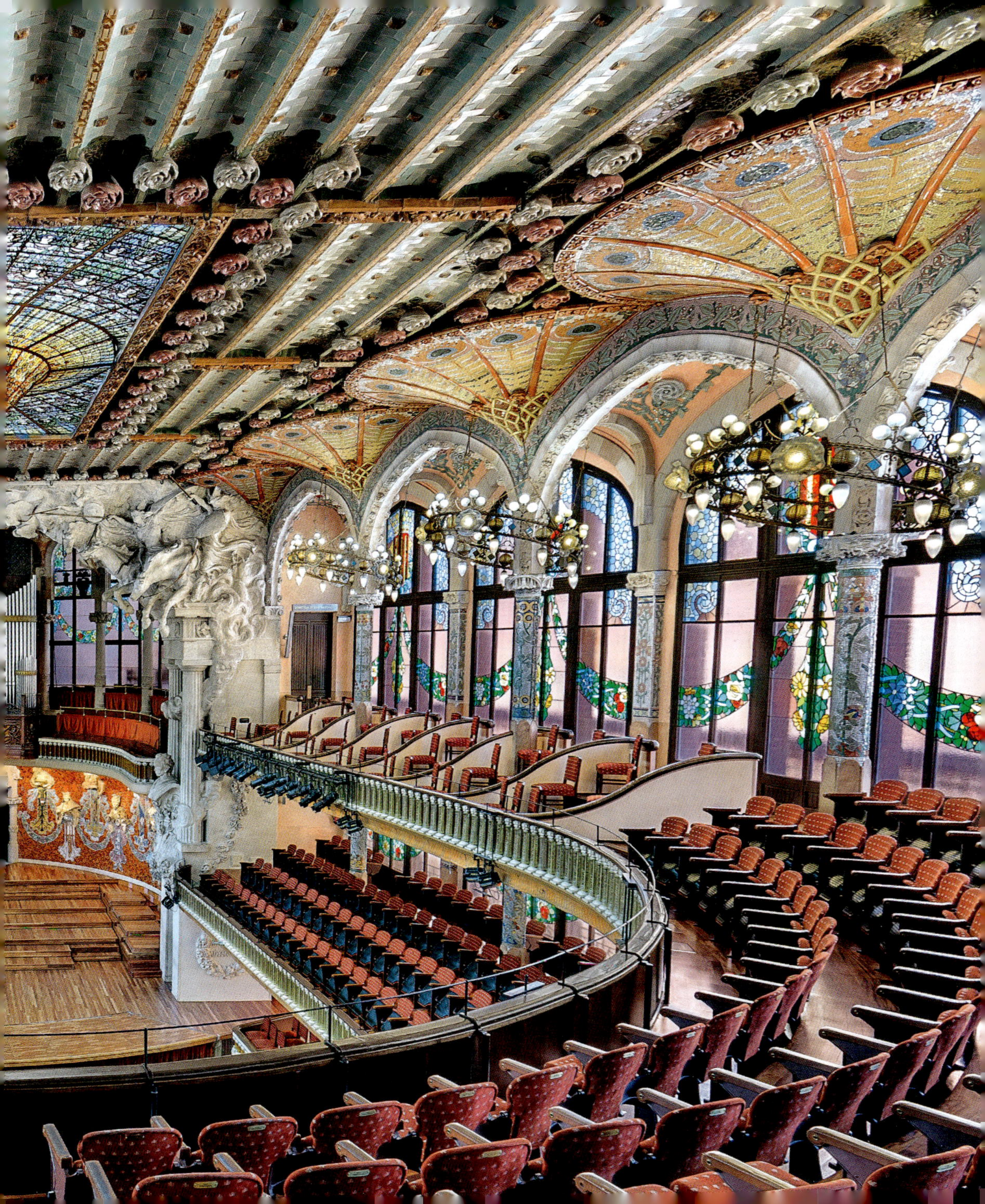

124

Oberlicht
Die von der Werkstatt von Antoni Rigalt und Jeroni Granell angefertigte umgekehrte Kuppel aus Buntglas, die den Konzertsaal des Palau de la Música erhellt, zeigt das Bild einer glühenden Sonne, umgeben von Gesichtern von etwa vierzig Mädchen, die an einen Himmelschor erinnern.

Treppe. Um die Eingangshalle mit den oberen Stockwerken zu verbinden, entwarf Domènech zwei sich windende Marmortreppen, die er mit Ballustraden aus gelbem Glas und von der Pflanzenwelt inspirierten Skulpturenreliefs verzierte.

Die Musen
Die weiblichen Figuren mit Musikinstrumenten, die vom hinteren Teil der Bühne hervorschauen, wurden von Eusebi Arnau modelliert.

Komplexer Standort
Das von Domènech i Montaner entworfene Gebäude wurde auf einer Tragestruktur aus Walzeisen erbaut, durch die eine vorgehängte Wand an der Seitenfassade angebracht werden konnte. Es wurde auf ein kleines Grundstück mit unregelmäßigem Umfang und in einem dicht besiedelten Gebiet der Altstadt angepasst.

Üppige Dekoration
Die atemberaubende Außengestaltung des Palau de la Música entspricht der Pracht der Innenräume, in denen Domènech i Montaner vollkommen frei unterschiedliche Oberflächen wie Keramik, Marmor, Holz, Stahl und Glas kombinierte. Der Höhepunkt des vom Architekten entworfenen Gestaltungsproramms ist die umgekehrte Glaskuppel im Konzertsaal, ein Werk aus dem Atelier von Antoni Rigalt und Jeroni Granell. In diesem Raum fallen auch die allegorischen Skulpturen von Eusebi Arnau und Pablo Gargallo ins Auge.

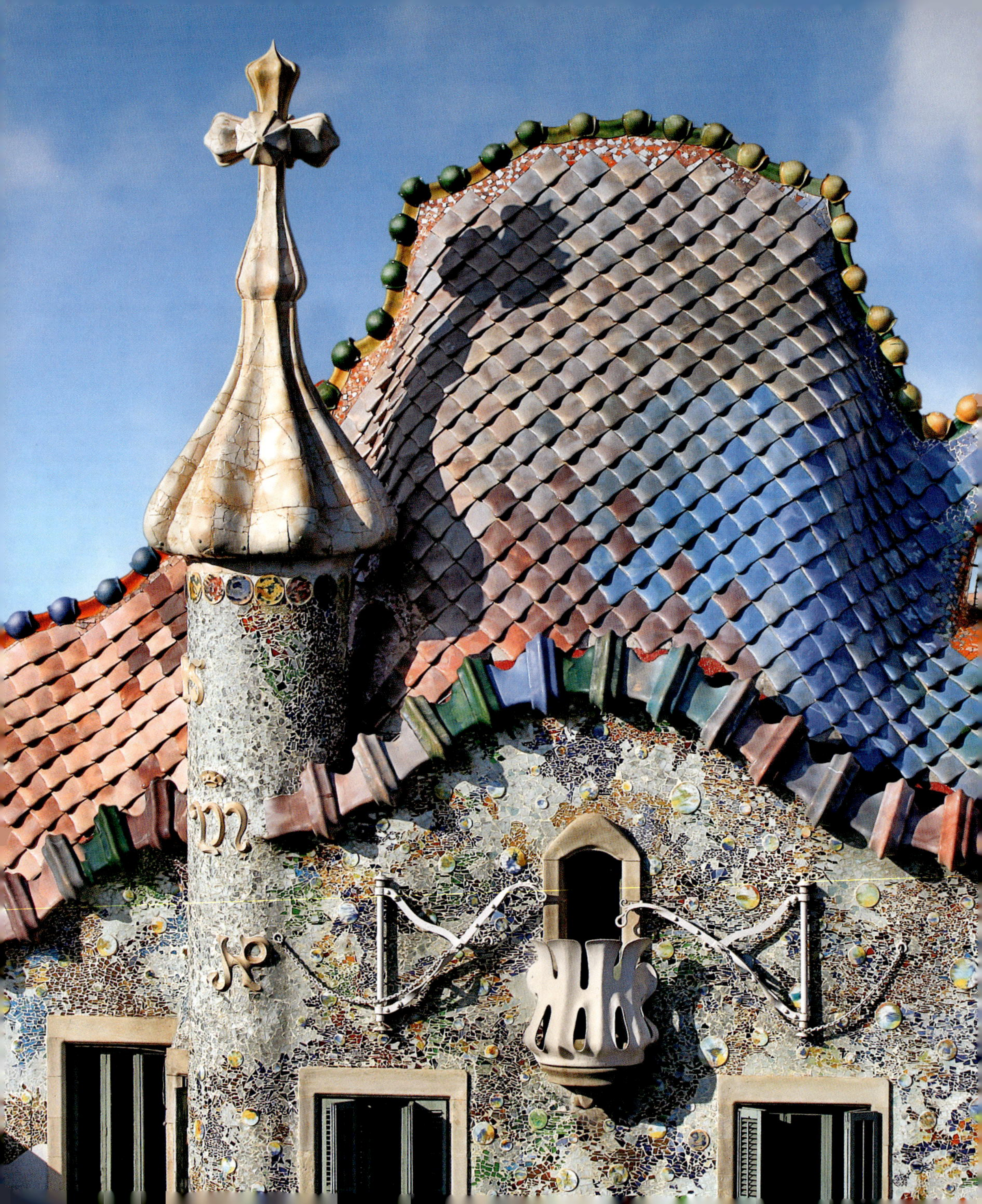

DAS ERBE EINES KÜNSTLERISCHEN GENIES
Gaudís Stadt

4

Antoni Gaudí i Cornet wurde 1852 in Reus (Tarragona) geboren. Er ist unzertrennlich mit Barcelona verbunden, denn dort verbrachte er einen Großteil seiner Laufbahn. Er ist Zeitgenosse berühmter Vertreter des katalanischen Modernismus wie Lluís Do-mènech i Montaner. Der Architekt ging von dem in der Epoche vorherrschenden Historizismus aus, entwickelte dann einen eigenen Stil, inspiriert von den Formen der Natur und voller Symbolik. In seiner ersten Phase entstanden die Casa Vicens, das Landhaus Güell, der Palau Güell, das Theresianerinnen-Stift, die Casa Calvet und der Turm Bellesguard. Bei ihnen kombinierte Gaudí Elemente des Mittelalters und der orientalischen Architektur mit modernistischen Zügen. Zur zweiten Etappe, seiner künstlerischen Reife, zählen der Park Güell, die Casa Batlló und La Pedrera, allesamt sehr persönliche Projekte, die durch revolutionäre Baulösungen und ihre organische Gestaltung hervorstechen. Die Sagrada Familia ist das Werk, das sein gesamtes symbolisches und künstlerisches Universum umfasst. Ihr widmete er 43 Jahre seines Lebens, von 1883 bis 1926, als er von einer Straßenbahn angefahren wurde und starb. Nach seinem Tod wurde er von den neuen Kulturströmungen verpönt, aber mit der Zeit erlangte er internationales Ansehen und wurde zur großen Ikone Barcelonas.

Sagrada Familia

Antoni Gaudí hinterließ seinen Nachfolgern einen detaillierten Bauplan für den perfekten Kirchenbau, der das Ergebnis seiner intensiven Studien zu Kirchenarchitektur und christlicher Liturgie war.

Gaudís Entwurf

Vom Buchhändler und Philantrop Josep Maria Bocabella angetrieben, begann der Bau der Kirche im Jahr 1882 unter der Leitung des Architekten Francisco de Paula del Villar, der knapp ein Jahr nach Baubeginn aufgrund von Diskrepanzen zurücktrat. Gaudí war der Auserwählte, um Del Villars Nachfolge anzutreten, eine Aufgabe, die er selbstsicher übernahm. Nachdem er kleine, aber relevante Änderungen an der Krypta vornahm, änderte er das ursprüngliche Projekt radikal, um eine monumentale Stätte mit fünf Schiffen, Querschiff, Apsis, einem Deambulatorium ähnlich eines Kreuzgangs, drei Fassaden und 18 Türmen zu entwerfen.

→ **Glorienfassade**

Denkmal des Feuers
Gaudí entwarf eine imposante mehrarmige Fackel.

Vortreppe
Aufgang von der Straße zum Glorienportal.

❶ Jesusturm
Das vierarmige Kreuz ist das Symbol für Jesus Christus.

❷ Marienturm
138 m hoch, an der Apsis. Geschmückt mit dem Mariensymbol, dem Morgenstern Stella Matutina.

❸ Evangelistentürme
135 m hoch umranken sie die Kuppel Jesu.

❹ Glockentürme
Insgesamt 12 (4 an jeder Fassade), Symbol der Apostel.

❺ Zentralschiff
Antoni Gaudí legte das Innere wie einen großen Wald an.

❻ Sühnekapelle

Sakristei
Sie zeichnet sich durch seine Kuppel aus und ist mit dem Kreuzgang verbunden.

Kreuzgang

Geburtsfassade

← **Streben nach dem Himmel**
Die von vielen Stellen in Barcelona aus sichtbare Basilika zeichnet sich durch ihre Vertikalität aus, zu der die Glockentürme und Kuppeln beitragen.

4 500
QUADRATMETER
betrug die von Gaudí vorgesehene Grundfläche der Sagrada Familia.

❝ **ANTONI GAUDÍ**
„Jedem Betrachter fallen andere Details ins Auge: Manche sehen zuerst die Hühner, andere die Sternzeichen, Theologen sehen zuerst den Stammbaum Jesu …"

7
PORTALE
hat der der Glorienportikus. Jedes davon ist einem Sakrament gewidmet.

Himmel und Erde

Gaudí wollte die Sagrada Familia zu einem Band zwischen Himmel und Erde machen und strebte daher die Vertikalität der Kathedralenbauten des Mittelalters an. Die Sagrada Familia sollte das höchste Gebäude in Barcelona werden. Der Turm zu Ehren Jesu, der die Basilika krönt, sollte sich mit 172,5 m Höhe über alle Bauten der Stadt erheben, jedoch gleichzeitig nicht höher als ein von Gott geschaffenes Werk sein. Daher bleibt das Gebäude einen halben Meter unter der Höhe des Stadtbergs Montjuïc.

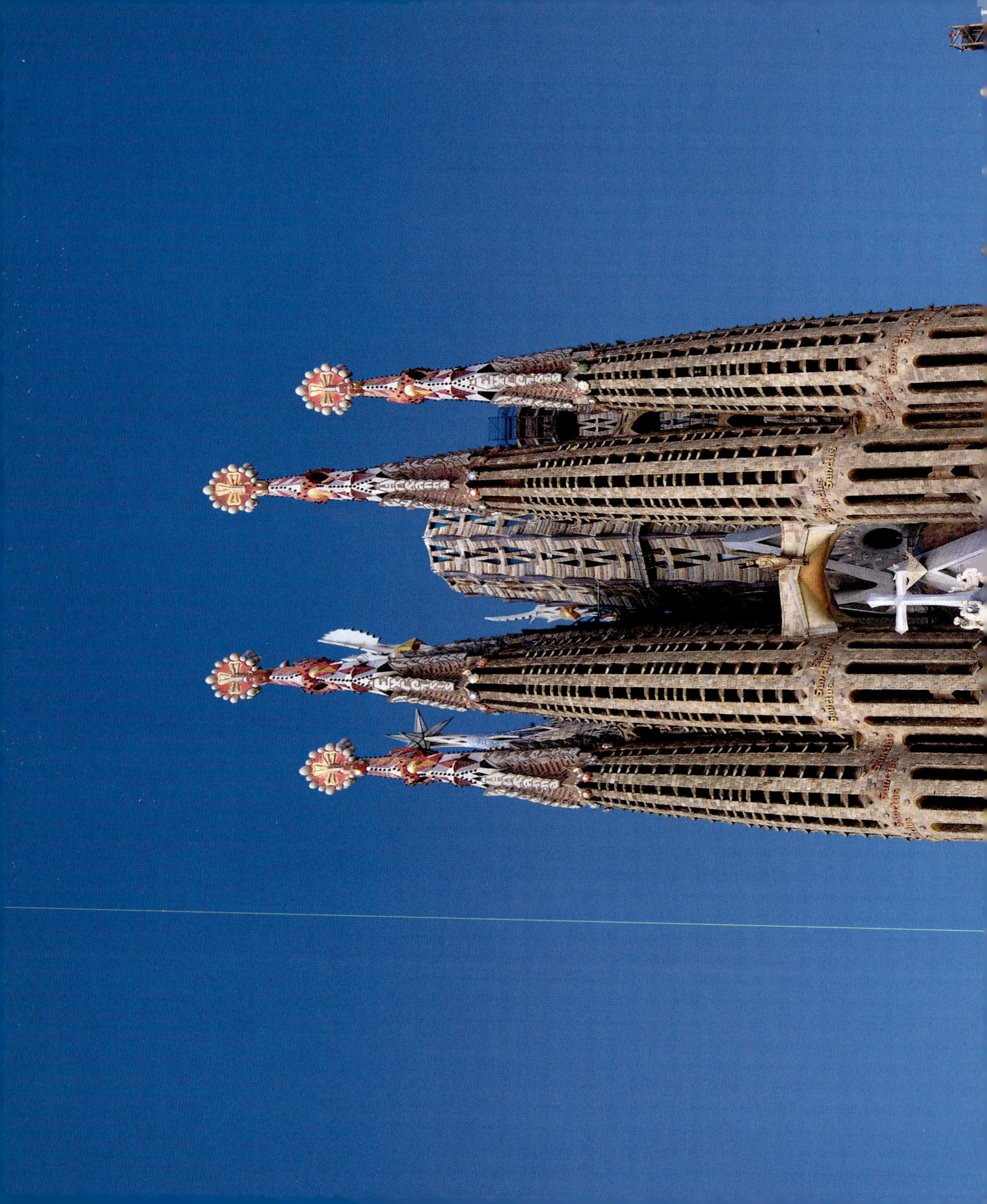

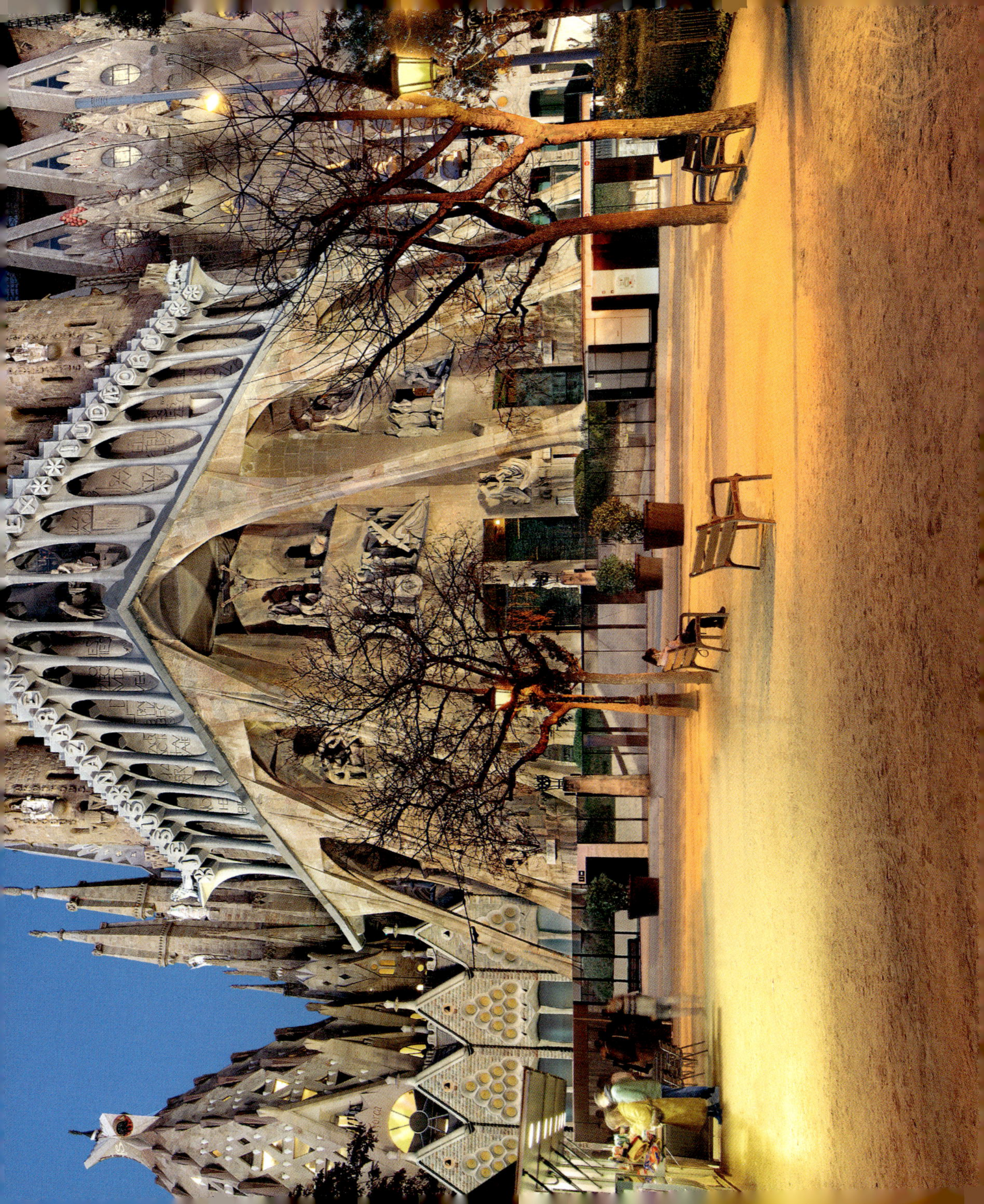

Park Güell

Auf dem Höhepunkt seiner Schaffenskraft erhielt Antoni Gaudí von Eusebi Güell einen ungewöhnlichen Auftrag: Er sollte eine Wohnsiedlung mit öffentlichen Plätzen entwerfen.

Sonnen und Monde
Die großen Deckenplatten des Markts, mit drei Metern Durchmesser, stellen die vier Jahreszeiten dar. Die kleinen symbolisieren den Mondzyklus.

Weg der Läuterung
Das Gelände am sonnenbeschienenen Hang des Berges Turó del Carmel zeichnete sich durch steile Abhänge aus. Der Architekt entwarf eine mit einer Mauer und bewachten Eingängen umgebene Siedlung, die über öffentliche Bereiche, Verkehrswege, Spazierwege und 60 dreieckige Parzellen verfügen sollte, wobei aufgrund der Eigenschaften des Geländes nur ein Sechstel des Geländes bebaut werden konnte. Gaudí versah die Siedlung mit zahlreichen Symbolen und schuf somit ein didaktisches Programm, das die christlichen und katalanischen Werte wieder aufleben lassen sollte. Die Höhenunterschiede nutzte Gaudí, um einen Weg der Läuterung zu erschaffen, der von den frivol gestalteten Pavillons am Eingang über Pilgerwege bis zu einer Kapelle am höchsten Punkt des Geländes führt.

Die Treppen
Die Treppe, die zur Markthalle hinauf führt, weist viele Symbole auf, die im Zusammenhang mit der griechischen Mythologie und dem mittelalterlichen Katalonien stehen.

Der Drache
Die Skulptur an einer der Treppen wurde aus zerbrochenen Keramikscherben angefertigt und gilt heute als das Wahrzeichen des Parks und als das bekannteste Werk Gaudís.

Verkleidung mit *Trencadís*

← **Schlangenförmige Bank.** Sie kombiniert Ästhetik und Funktionalität.

→ **Oberes Viadukt**
Die Pflanzkästen sehen wie Palmen aus.

Die Klassik als Vorbild

Für den Park Güell nahm sich Gaudí den Quellengarten von Nîmes zum Vorbild, der im 18. Jh. um die römischen Ruinen der Stadt angelegt worden war. Ebenso griff Gaudí auf die griechische Antike zurück und orientierte sich auf Güells Wunsch hin an den Ruinen des Apollotempels in Delphi: Denn dieser war wie der Park Güell am Abhang eines Bergs angelegt worden und galt als Symbol des Klassizismus.

17,18
HEKTAR
beträgt die Grundfläche des Geländes des Parks Güell. Das entspricht der Fläche von 25 Fußballplätzen.

❶ **Markt**

→ **Die Waschfrau**
Sie befindet sich an der dritten Säule des Portikus und ist die einzige Menschengestalt des Parks.

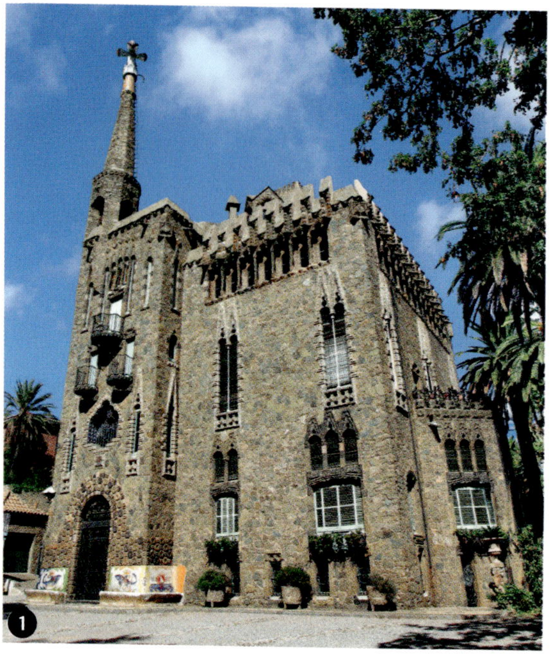
1

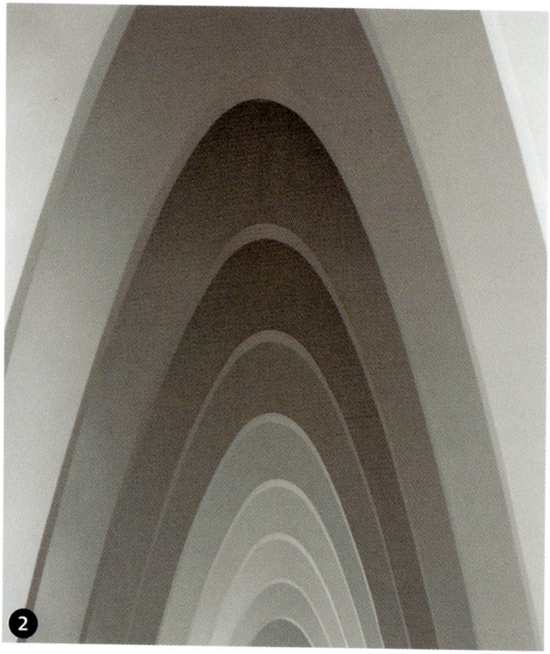
2

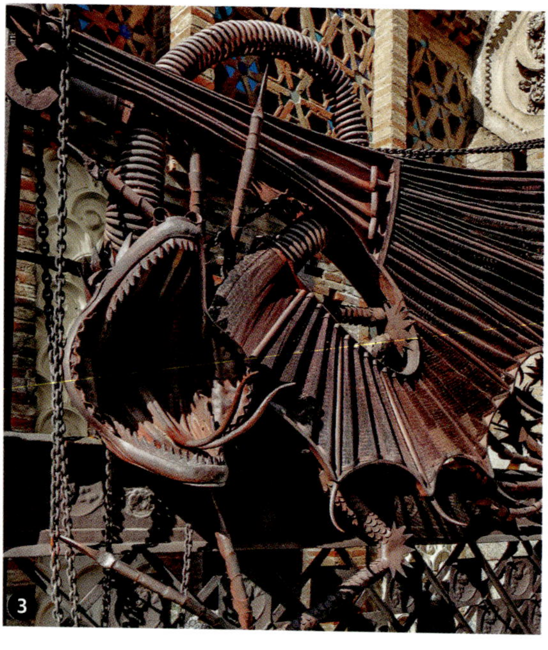
3

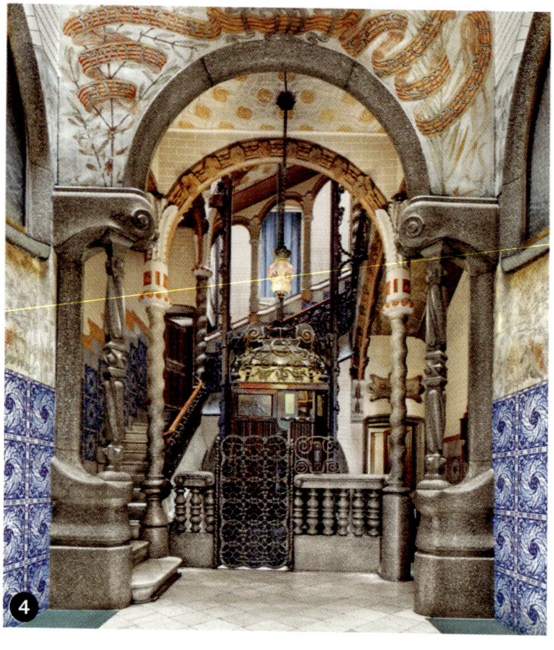
4

❶
Turm Bellesguard
Sein Erscheinungsbild erinnert an die Pracht der katalanischen Gotik.

❷
Die Schule der Theresianerinnen
Wegen des knappen Budgets entschied sich Gaudí für ein Gebäude mit parabolisch geformten Bögen.

❸
Landhaus Güell
Das Sommerhaus der Familie Güell birgt Verweise auf die griechische Mythologie.

❹
Casa Calvet
Gaudís erstes Werk im Eixample zeichnet sich durch seine vom Barock beeinflussten Elemente aus.

❺
Casa Vicens
Bald nach dem Studium entwarf Gaudí ein Sommerhaus mit ersten Elementen des Modernismus.

Palau Güell

Gaudí nahm den Auftrag an, das neue Haus seines Mäzen im Zentrum von Barcelona zu entwerfen, einen Palast, der seine künstlerische Anfangszeit auf gewagte Weise abschloss und zukünftige Meisterwerke vorwegnahm.

Der zentrale Innenhof

Das Jahr 1885 war geprägt von den Vorbereitungen für die Weltausstellung von 1888. In diesem Kontext gab der Industrielle Eusebi Güell, der von den Arbeiten des 34-jährigen Gaudís beeindruckt war, die Erbauung seiner Sommerresidenz in Auftrag. Dabei träumte er von einem städtischen Palast nahe der Rambla, wo die Familie bereits wohnte. Um dem gerecht zu werden, entwarf Gaudí ein nach innen gerichtetes Gebäude, dessen schmuckloses Äußeres in keinem Verhältnis zu dessen luxuriösem Innenleben stehen sollte. Die Räume des Hauses gestaltete er um einen zentralen und hohen Innenhof herum, für den er sämtliche Decken des Hauses durchbrechen ließ.

Der Wächter des Palais

❶ Die Laterne
Spitz zulaufend und mit Stein verkleidet.

Rauchabzug

Der Keller
Hier befanden sich die Reitställe.

❹ Galerie der Hauptetage

✱
Raumerweiterung
Gaudí wendete alle denkbaren Mittel an, um das Raumgefühl des Hauses zu verbessern.

Familienraum

Die Dachterrasse

Der Keller

Sechs Etagen

Die auf den ersten Blick simpel wirkende Aufteilung – Keller, Erd-, Hauptgeschoss, zwei Obergeschosse und Dachterrasse – erhielt durch das Hinzufügen einer Zwischenetage zwischen Unter- und Hauptgeschoss und die große, alle Etagen durchbrechende Halle ihren besonderen Reiz. Gaudí sah das Kellergeschoss für die Ställe und das Erdgeschoss für die Installationen des Hauses vor. In der Hauptetage siedelte er die Räume für das öffentliche Leben der Familie an, weiter oben ihre Privatzimmer: im zweiten Stock die Schlafzimmer der Familie, im dritten die Zimmer des Personals. Die tragende Struktur des Hauses entwarf Gaudí aus Natursteinen, die Zwischenwände aus Backstein.

15
METER
beträgt die Höhe der konisch geformten Spitze über der Kuppel.

❷
Schlafzimmer. Die Zimmer der Familie Güell nahmen einen großen Teil des zweiten Geschosses ein.

❸
Der Salon
Den unteren Teil des zentralen Wohnraums entwirft Gaudí so, dass er als Hauptsalon des Palais genutzt werden kann.

❹
Die Hauptfassade
Sie ist aus Kalkstein gebaut.

Eingangs- und Ausgangstüren

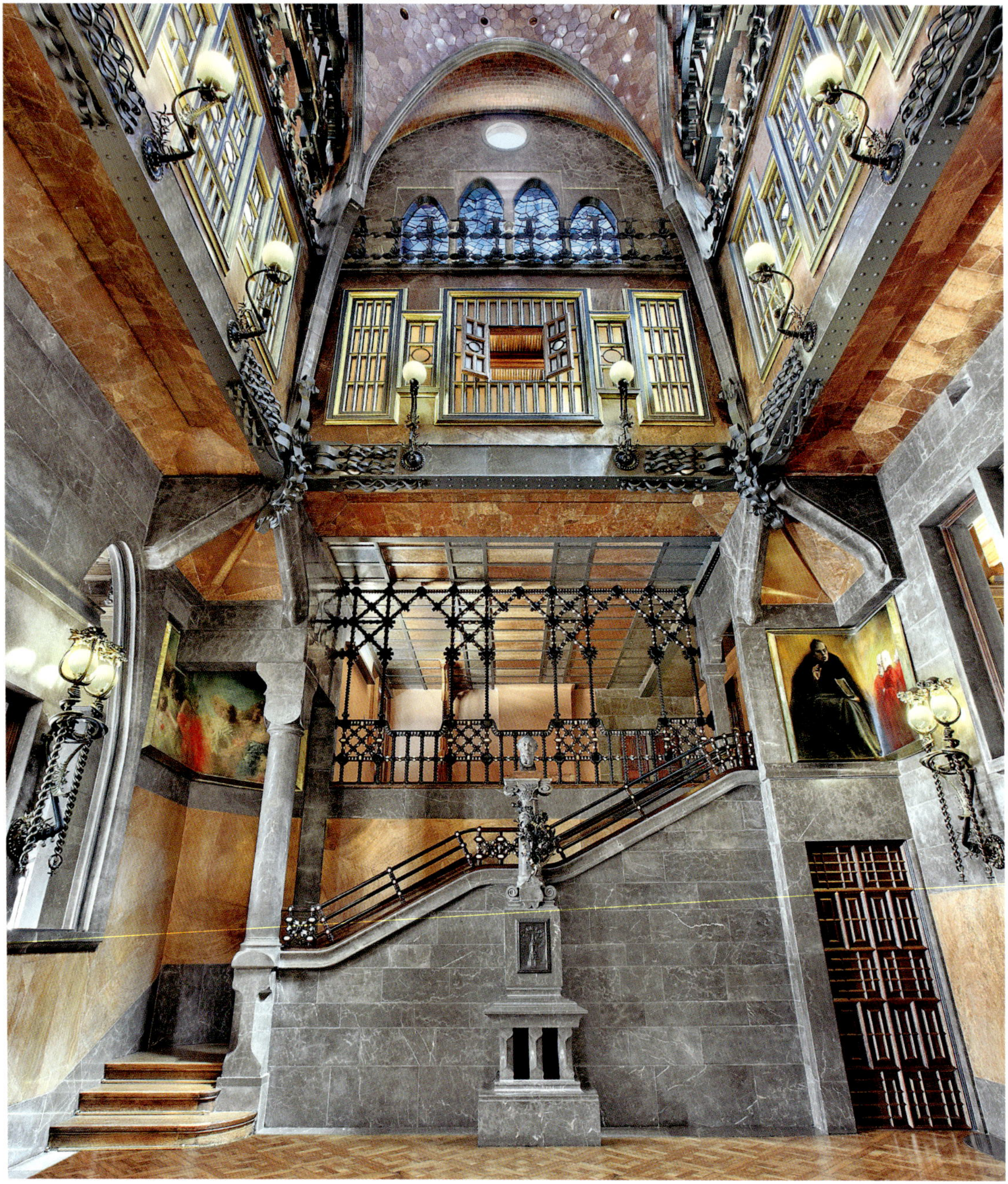

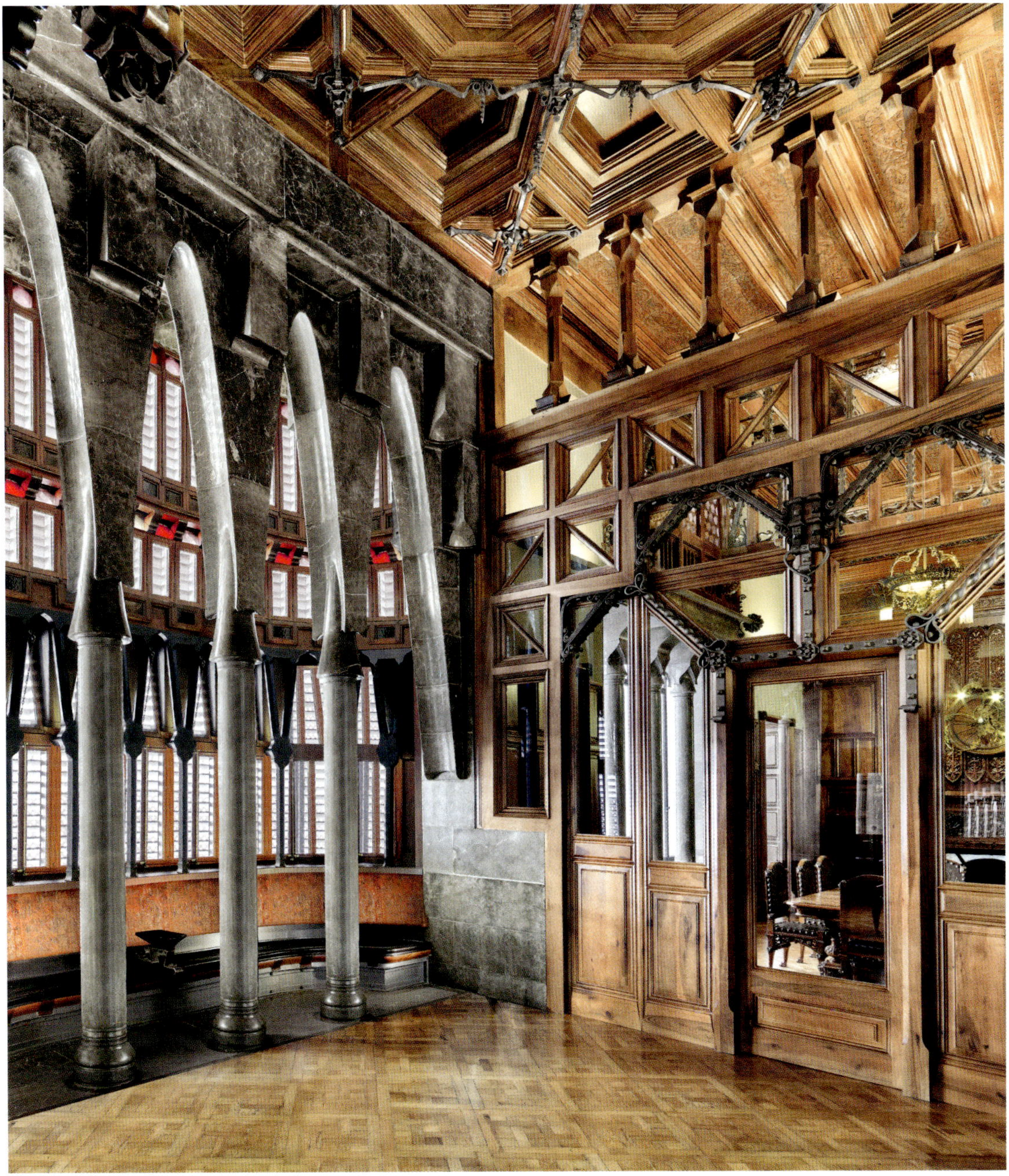

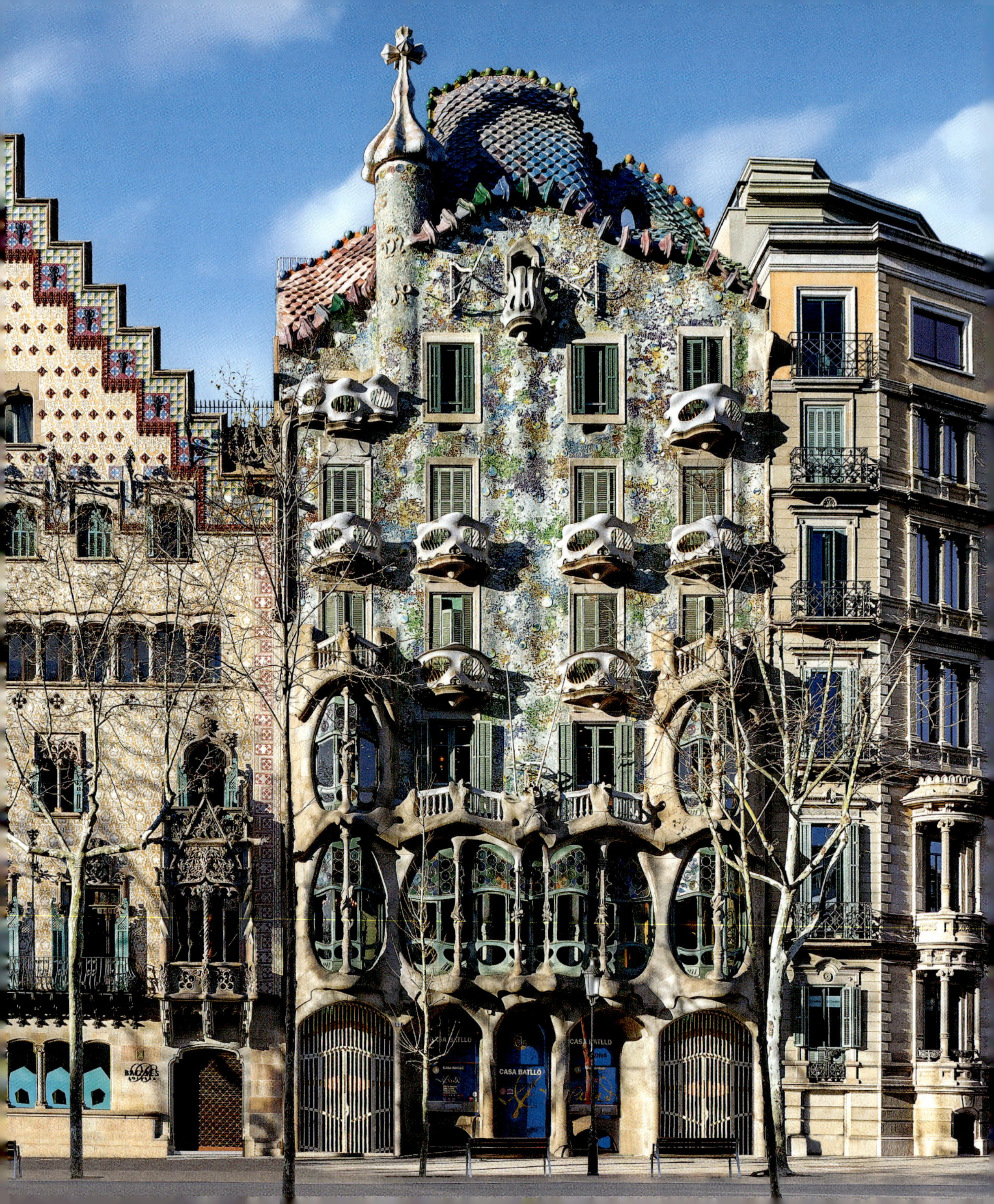
CASA BATLLÓ

→
Das private Foyer
Der Zugang zur Wohnung der Familie Batlló führt durch einen Raum, der an eine Höhle erinnert.

←
Innenhof

Glasfenster
aus bunten Scheiben dekorieren eine Tür der Wohnung der Familie Batlló.

52
JAHRE
war Gaudí alt, als er mit dem Umbau der Casa Batlló beauftragt wurde. Dieser begann 1904 und dauerte bis 1906.

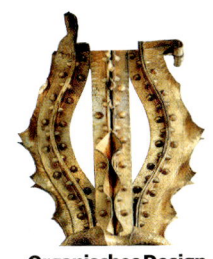

Organisches Design
Bauliche Elemente wie die Eisensäulen der Gemeinschaftshalle weisen sanfte Wellen auf, die von der Form von Meeresalgen inspiriert zu sein scheinen.

Inspiration und Rationalismus

Gaudí wollte das Grundstück maximal nutzen und fügte dem bereits bestehenden Gebäude zwei weitere Geschosse hinzu. Sein Entwurf mit dem stark gewundenen und geneigten Dach erlaubte es ihm, höher zu bauen und dabei streng die Verbindung mit dem Nebengebäude Casa Amatller des Architekten Josep Puig i Cadafalch zu respektieren. Sowohl an der Fassade wie in den Gemeinschaftsbereichen des Hauses erinnern die vorherrschenden welligen Formen, die bläulichen Töne und der Kontrast zwischen den hellen und dunklen Elementen an Unterwasserlandschaften, ein bei Gaudí häufiges Bild. Für den für die Belichtung und Belüftung aller Bereiche der Wohnungen notwendigen Ausbau des Innenhofs gab der Architekt seiner rationalistisch-funktionalen Facette vor der rein ästhetischen und dekorativen den Vorrang.

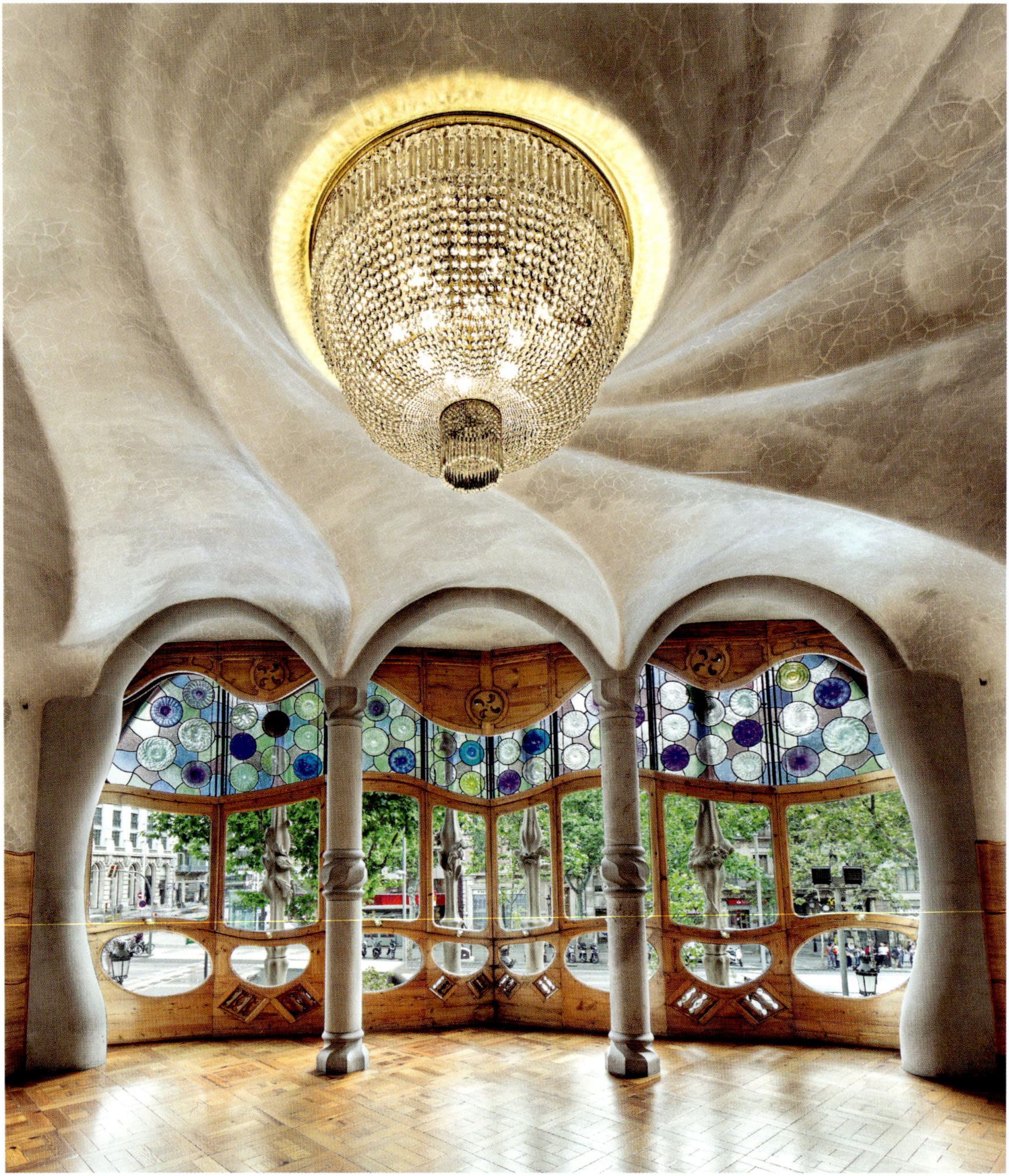

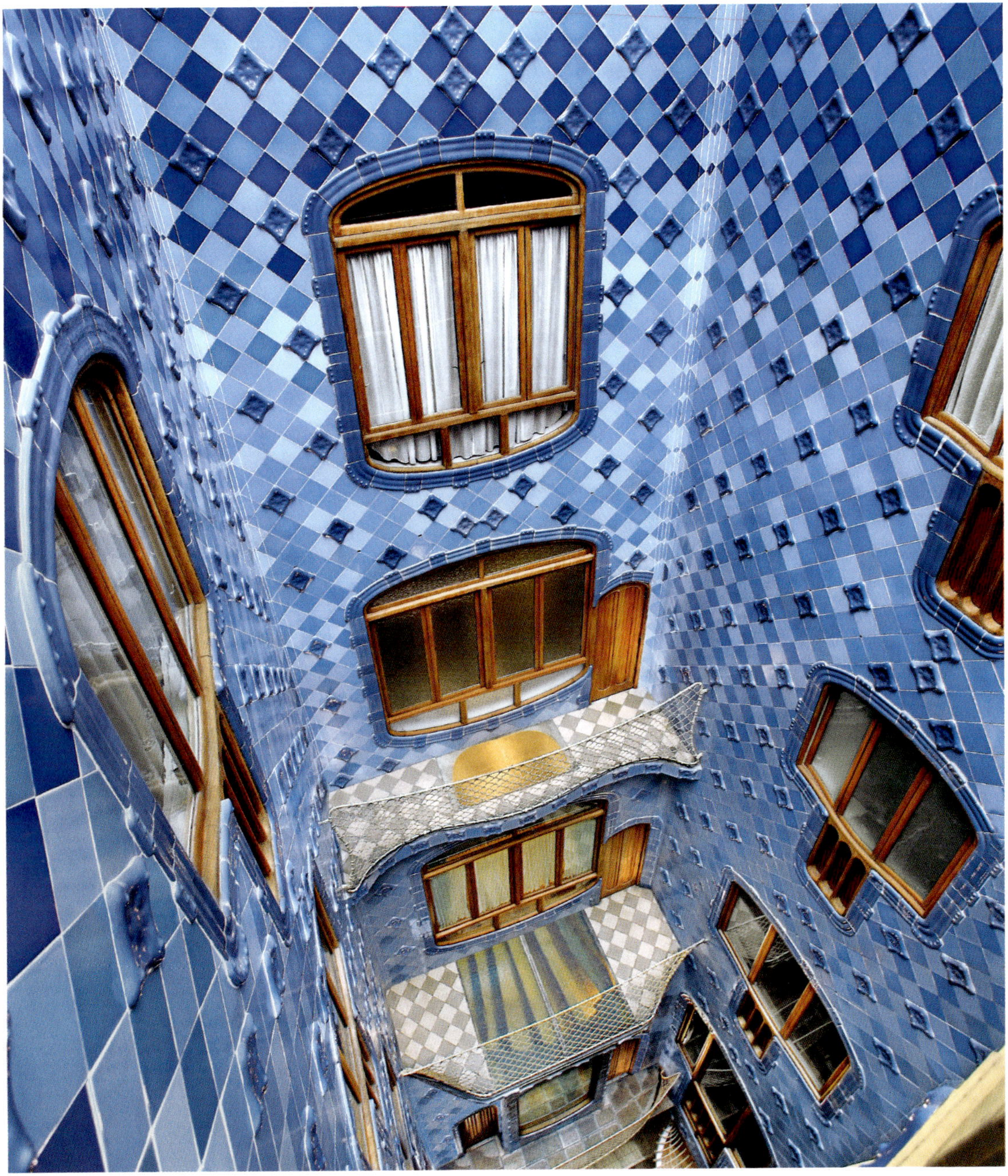

La Pedrera

Der letzte Zivilbau von Antoni Gaudí wurde von den Eheleuten Pere Milà und Roser Segimon beauftragt. Er verbindet absolute ästhetische Freiheit mit raffinierten strukturellen Lösungen, die das Wohngefühl verbessern.

Ein organisches Gebäude

Den Auftrag zum Bau der Casa Milà am Rande des Eixample nutzte Gaudí, um seiner Kreativität freien Lauf zu lassen. Der Passeig de Gràcia hatte sich zum neuen Zentrum des Bürgertums entwickelt und seine illustren Familien übergaben die Erbauung ihrer Wohnhäuser angesehenen Architekten. Die Pedrera brach nach ihrer Fertigstellung jedoch nicht nur mit der Ästhetik der Epoche, sondern auch mit den technischen Neuerungen ihrer Zeitgenossen. Durch die Gestaltung als riesenhafte Skulptur wurde die Pedrera zu einem der auffälligsten und umstrittensten Gebäude Barcelonas.

❶ Umrundung
Man konnte an Kuppeln vorbei um die Fassade spazieren.

Treppenausgang

Fassade am Passeig de Gràcia

Eingangshalle an der Provença-Straße

Geländer zum Schutz

Die Wohnung von La Pedrera

Hintere Fassade

Ein großzügig angelegtes Haus

Gaudí entwarf ein Gebäude mit einem Keller, einem Erdgeschoss, fünf Wohnetagen, einem Dachgeschoss und einer Dachterrasse. Das Untergeschoss versah er mit einer der ersten Garagen der Stadt, denn der Hausbesitzer war ein großer Liebhaber von Autos. Im Erdgeschoss befanden sich die Treppenhäuser und die Kohlenmeiler, die 1928 zu Geschäftsräumen umgewandelt wurden. Die überdimensionale Wohnung der Familie mit insgesamt 1.323 Quadratmetern steht im Kontrast zu den jeweils drei bis vier Wohnungen pro Etage mit ihren 300 bis 500 Quadratmetern.

Fassade an der Carrer de Provença

❷ Beletage
So, wie es üblich war, wohnten hier die Besitzer: die Familie Milà.

43
METER
breit ist die breiteste Fassade, die zur Carrer de Provença hinblickt.

Katenoidbögen im Dachgeschoss

Schornsteine
Die Schornsteine auf der Dachterrasse wurden schon vielfach bewundert.

Treppenhausausgang. Dieses weithin sichtbare Element auf der Dachterrasse trägt ein Kreuz, wie es Gaudí oft verwendete.

Lüftungsturm. Die schlanke Form des Turms, der im hinteren Teil der Dachterrasse steht, passt zu seiner Funktion.

Die Dachterrasse

Auf dem Dach der Pedrera perfektonierte Gaudí die ästhetischen Prinzipien, die er schon beim Palau Güell und der Casa Batlló angewandt hatte. Der geniale Architekt verwandelte diese damals noch verkannte Fläche des Gebäudes in ein Universum aus Formen und Farben. Schornsteine, Belüftungstürme und Treppenausgänge gehen dabei weit über ihre eigentliche Funktion hinaus und verwandeln sich in eigenartige Skulpturen, die aufgrund ihrer Größe und ihrer Vielfarbigkeit zum Teil schon von der Straße aus sichtbar sind (bis zu 7,80 m hoch).

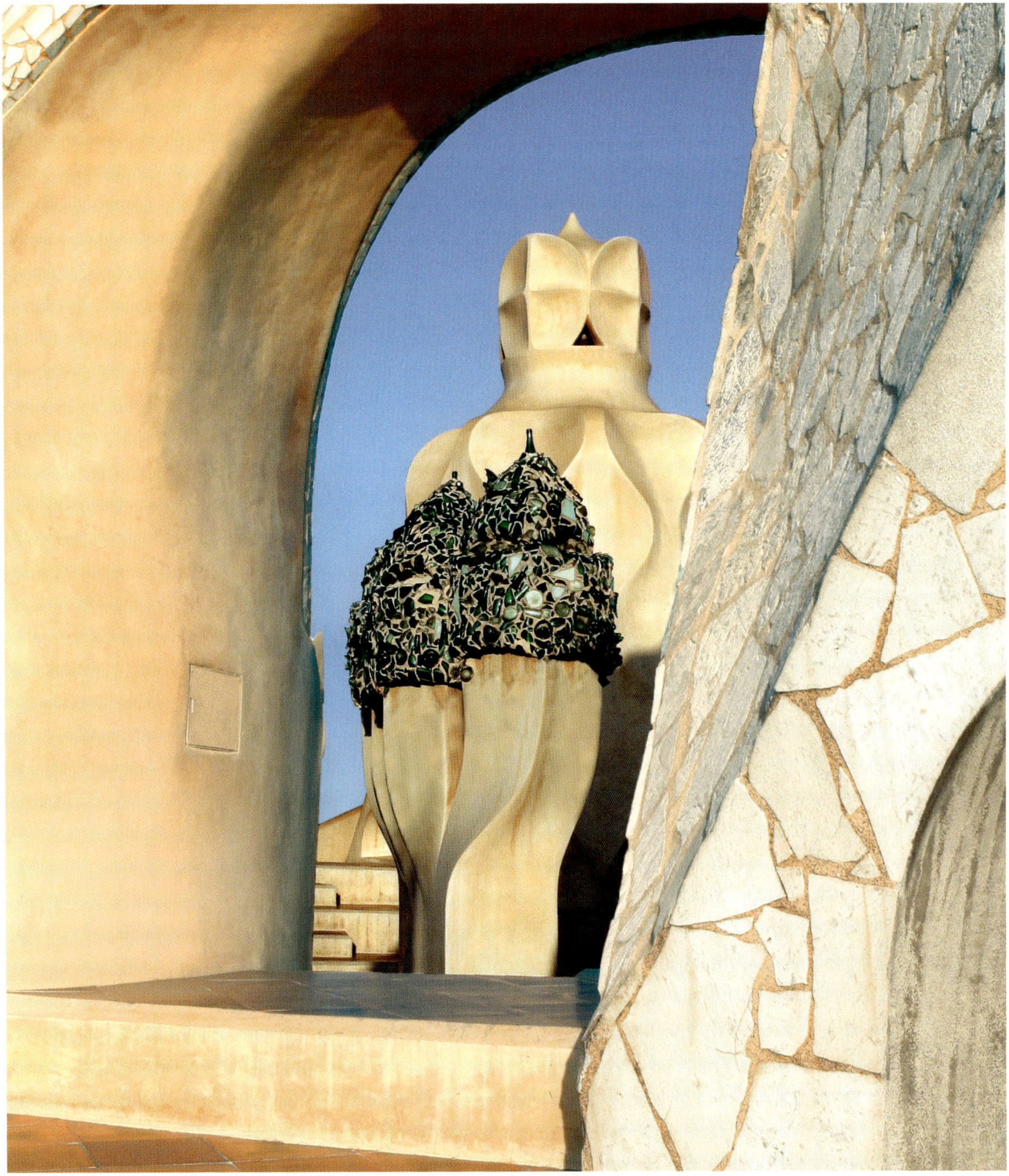

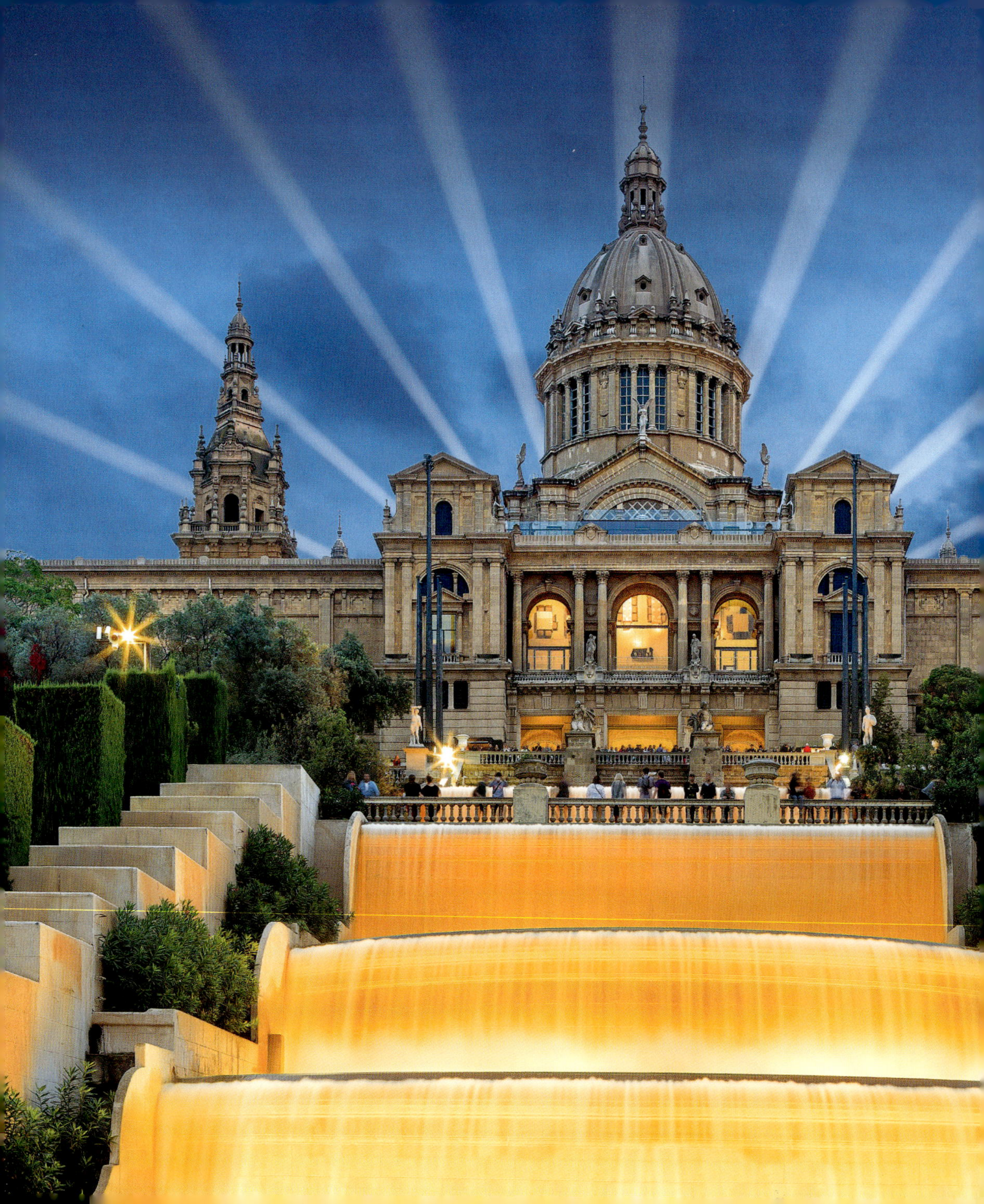

EIN ORT MIT VIELEN FUNKTIONEN
Berg Montjuïc

5

Barcelona hatte im Lauf ihrer Geschichte eine komplexe Beziehung zum Montjuïc, teils Abhängigkeit, teils Ablehnung, je nach der jeweiligen Nutzung. Vor der Ankunft der Römer befand sich auf dem Berg eine wichtige iberische Siedlung, die wohl Handelsbeziehungen mit den Griechen und Phöniziern pflegte. Mit der Gründung von Barcino entvölkerte sich der Montjuïc allmählich und lieferte das Gestein, mit dem die Mauern und Häuser der römischen Kolonie gebaut wurden. Im Mittelalter diente der Berg abgesehen von seiner Funktion als Steinbruch landwirtschaftlichen Zwecken und als jüdischer Friedhof - daher wohl sein Name. Im 17. Jh. wurde er mit dem Bau eines Schlosses militarisiert, das während verschiedener Stufen gesellschaftlichen Umbruchs genutzt wurde, um die Stadt zu bombardieren und Dissidenten zu inhaftieren. Aufgrund dieser repressiven Nutzung entfernten sich die Barcelonesen allmählich vom Montjuïc, der sich erst im Jahr 1929 zu einem gesellschaftlich genutzten Ort verwandelte, als er für die Anlagen der Internationalen Ausstellungen verwendet wurde. Die Austragung der Olympischen Spiele gab dem Berg den endgültigen Impuls zur Veränderung. Er etablierte sich als attraktiver Erholungsort mit Grün-, Sportanlagen und Kultureinrichtungen.

Plaça d'Espanya

Der für die Weltausstellung 1929 errichtete Platz mit monumentaler Gestaltung wurde als majestätische Kulisse konzipiert und sollte das Bindeglied zwischen dem Montjuïc und dem Stadtgebiet werden.

← Klassische Dekoration
An der Promenade, die in den Palau Nacional mündet, stehen Marmorskulpturen von Josep Llimona, die das erhabene Bild der Umgebung vollenden.

Neuralgisches Zentrum

Als die städtische Erweiterung Barcelonas geplant wurde, stellte der von der Plaça d'Espanya eingenommene Raum eine strategische Straßenverbindung dar. Die letztendliche Anordnung des Platzes wurde jedoch erst Anfang des 20. Jh. festgelegt, als der Architekt Josep Puig i Cadafalch mit Blick auf die Weltausstellung 1929 die Urbanisierung der Umgebung des Montjuïc konzipierte. Der in Zusammenarbeit mit Guillem Busquets und Antoni Darder errichtete Platz - mit runder Grundfläche und in barockem Stil - unterstreicht das monumentale Bild des Messegeländes und ist ein imposant gestalteter architektonischer Komplex.

← Brunnen
Das vom italienischen Barock inspirierte Denkmal an der Plaça d'Espanya gedenkt der Weltausstellung. Der Brunnen ist ein Werk des Architekten Josep Maria Jujol.

Palau de Congressos
1963 für die Messe von Barcelona errichtet. Er wurde 1992 renoviert.

Palau Nacional
Im Jahr 1929 errichtet. Der Sitz des Museu Nacional d'Art de Catalunya ist das repräsentativste Gebäude am Berg Montjuïc.

Italienische Einflüsse
Der Säulengang ist von der Architektur des Vatikans, die Türme des Eingangs zum Messegelände sind von Venedig inspiriert.

44
METER
hoch sind die venezianischen Türme, die von Ramon Reventós entworfen wurden.

Las Arenas. 1900 im Neomudejarstil erbaut. Einst eine Stierkampfarena.

Säulen
Von Puig i Cadafalch entworfen. Symbol für die vier Streifen der katalanischen Fahne.

Palau d'Alfons XIII
Eines der ersten Gebäude, die für die Weltausstellung errichtet wurden.

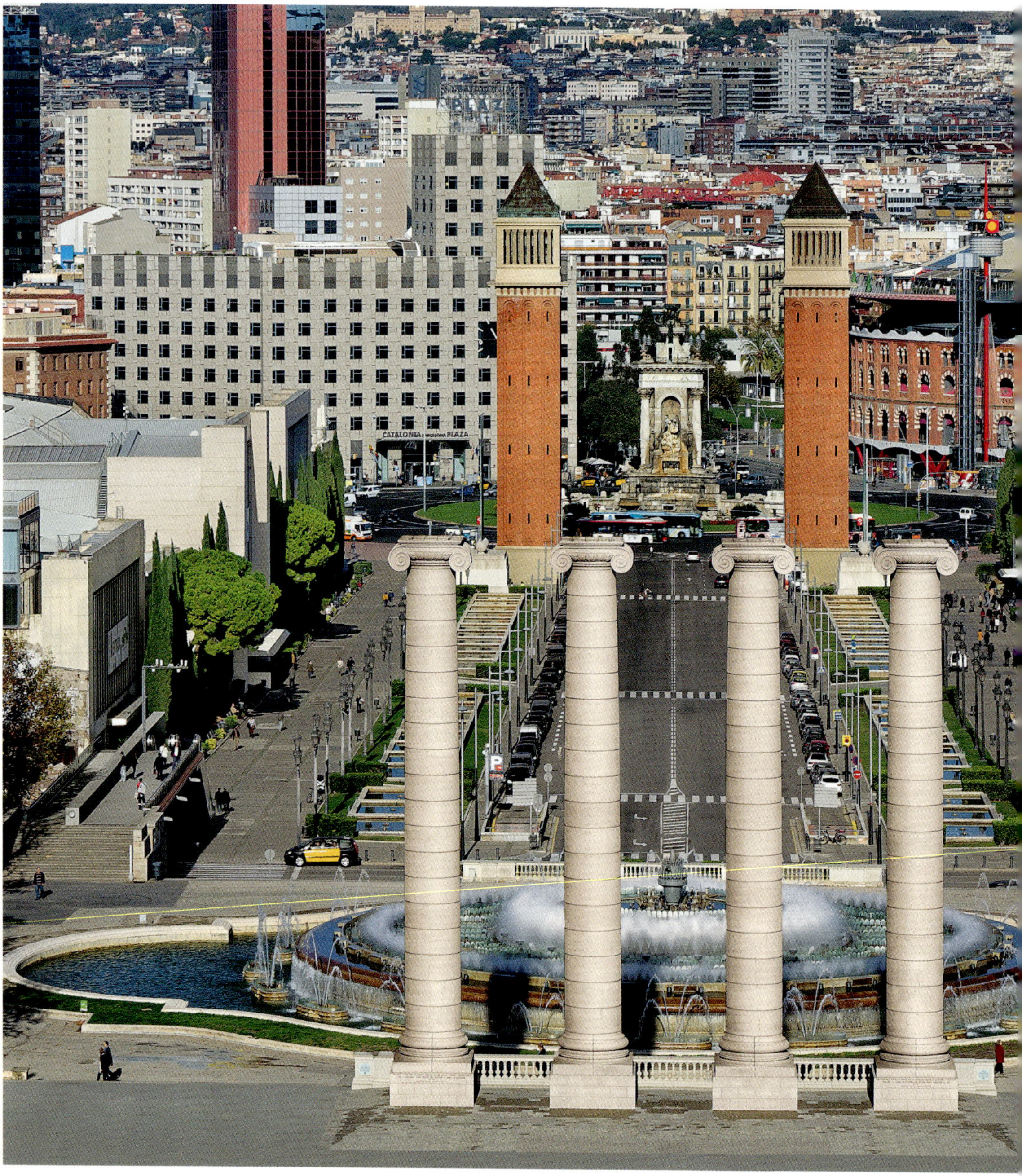
CATALONIA PLAZA

← **Avinguda de la Reina Maria Cristina**
Sie verläuft zwischen der Plaça d'Espanya und der Plaça de Carles Buïgas und ist eine Achse für das Messegelände Montjuïc.

1923
IN JENEM JAHR wurde der Bodenbelag der Avinguda de la Reina Maria Cristina fertiggestellt.

→ **CaixaForum**
Das Ausstellungszentrum in der ehemaligen Fabrik Casaramona wurde 2002 eröffnet.

→ **Magischer Brunnen**
1929 von Carles Buïgas entworfen. Ein Schauspiel aus Wasser, Klang und Licht.

Palau Nacional

Das Wahrzeichen der Weltausstellung beherbergt die Sammlung des Museu Nacional d'Art de Catalunya, von romanischer Kunst bis hin zu den avantgardistischen Strömungen des 20. Jh.

❶ Barocke Balustrade

Verzierung mit Voluten

→ Aufbau
Der Palau Nacional hat einen symmetrischen Grundriss. Sein Herzstück bildet ein elliptischer Saal, der durch die zentrale Kuppel hervorgehoben wird.

50 000 QUADRATMETER
groß ist die Fläche, die der Palast einnimmt.

❹ Thronsaal
In ein Restaurant umgewandelt. War einst der prächtigste Raum.

Zugangsrampe

Klassizistischer Stil

Der Palau Nacional - ursprünglich dazu bestimmt, eine Ausstellung über die Geschichte der spanischen Kunst unterzubringen - wurde dank seiner optimalen Lage und seines beeindruckenden Aussehens zum emblematischsten Gebäude der Weltausstellung 1929. Seinen Bau leiteten Eugenio Cendoya und Enric Català, die sich - unter Aufsicht von Pere Domènech - auf Monumente wie den Petersdom im Vatikan oder die Kathedrale von Santiago de Compostela beriefen, um ein klassizistisches Gebäude zu entwerfen, in Einklang mit dem eklektischen Stil der anderen Messepavillons.

② Haupteingang

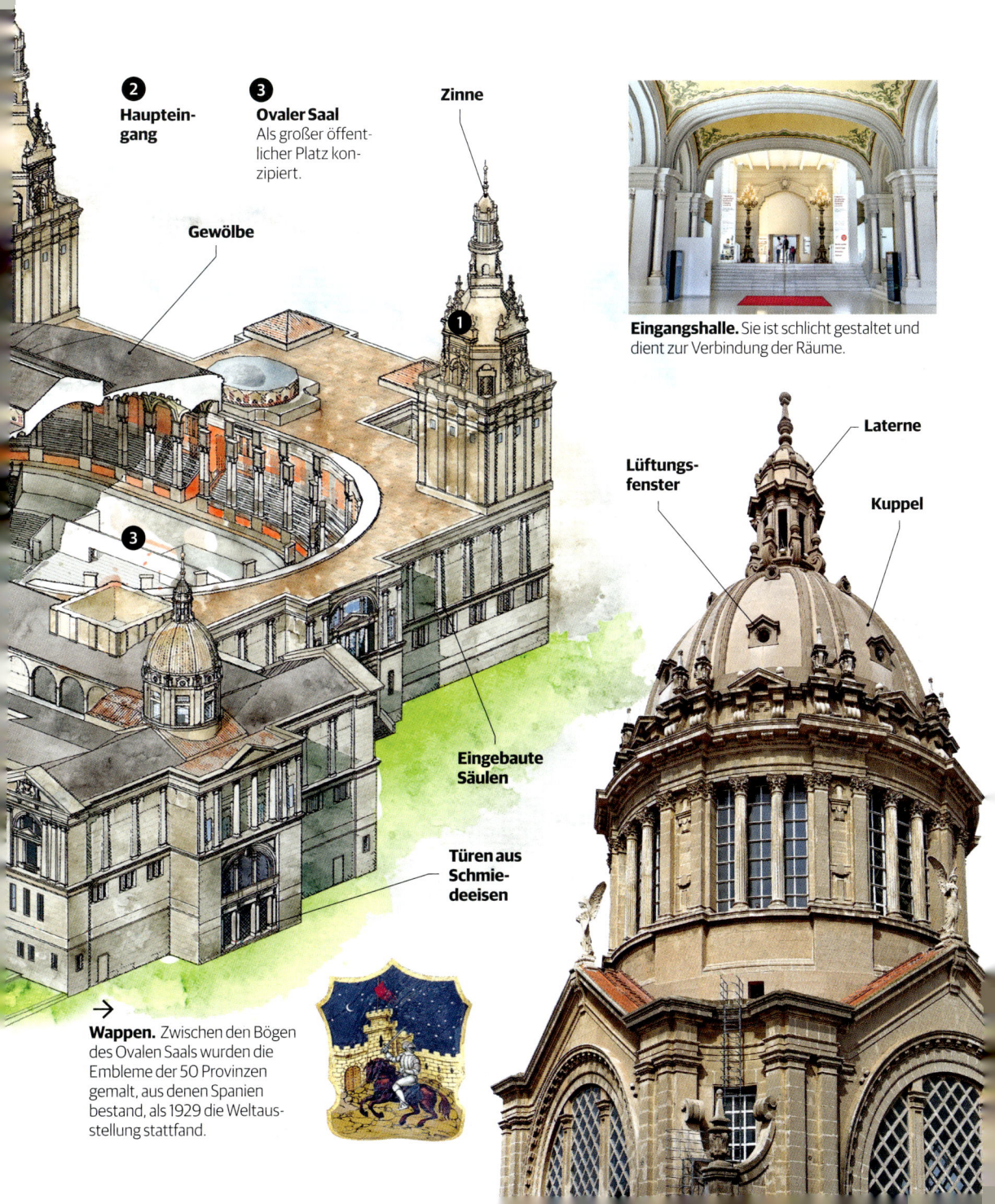

③ Ovaler Saal Als großer öffentlicher Platz konzipiert.

Zinne

Gewölbe

Eingebaute Säulen

Türen aus Schmiedeeisen

→ **Wappen.** Zwischen den Bögen des Ovalen Saals wurden die Embleme der 50 Provinzen gemalt, aus denen Spanien bestand, als 1929 die Weltausstellung stattfand.

Eingangshalle. Sie ist schlicht gestaltet und dient zur Verbindung der Räume.

Laterne

Lüftungsfenster

Kuppel

Ovaler Saal. Mit einem Kassettengewölbe bedeckt. Sollte ursprünglich dazu dienen, verschiedene Feierlichkeiten dort auszutragen.

Renovierungsprojekt

Die Nutzungsdauer des Palau Nacional – als vergängliche Konstruktion konzipiert – wurde verlängert, als er 1934 zum Sitz des Museo Nacional d'Art de Catalunya gewählt wurde. Um die Bestände dieser Institution unterzubringen, wurde das Gebäude seit 1990 nach den Plänen der Architekten Gae Aulenti und Enric Steegman mehrmals renoviert.

←
Kuppel
Francesc d'Assís Galí entwarf sie. Ihre Dekoration repräsentiert die Hoheit Spaniens.

→
Apsis von Sant Climent de Taüll
Im 12. Jh. gemalt. Das romanische Wandbild zeigt Jesus Christus beim Letzten Gericht.

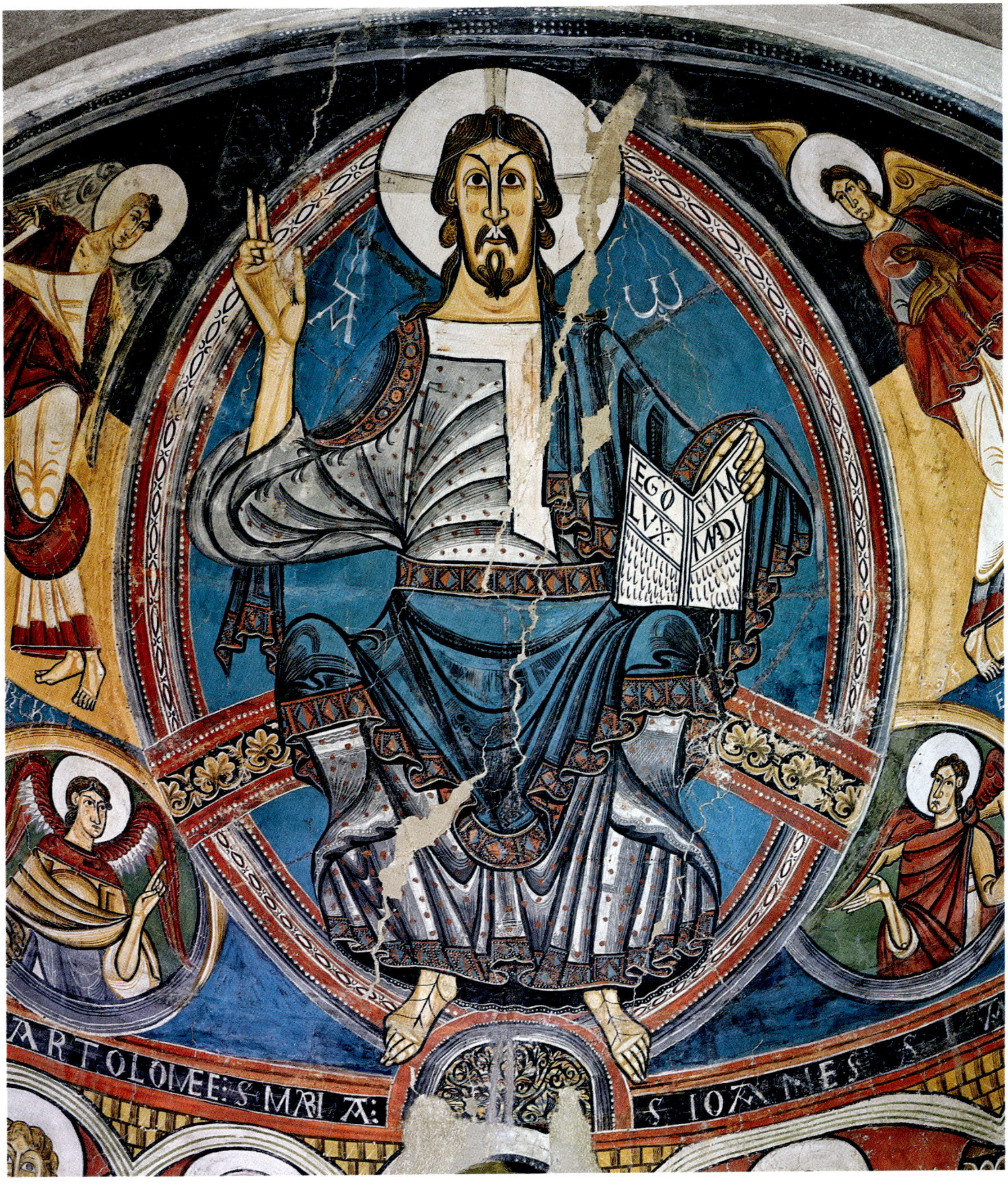
EGO SVM
LVX
ARTOLOMEE: S MARIA:
S IOANES

Ein Freizeitort

Das architektonische Erbe der Weltausstellung hat dazu gedient, vielfältige Freizeit- und Kulturaktivitäten zu schaffen, die den multidisziplinären Charakter des Montjuïc verstärken. Die anlässlich der Weltausstellung erbauten Anlagen waren bei der Bevölkerung sehr beliebt. Daher wurden sie in Freizeitzentren und Einrichtungen umgebaut, die die Beziehung zwischen der Stadt und dem Montjuïc verstärkten. Dieser Prozess ermöglichte es, Anlagen wie das Poble Espanyol zu erhalten. Es wurde zu einer der Hauptatraktionen des Bergs und erhielt nach den Olympischen Spielen neue Funktionen wie die Veranstaltung von kunsthandwerklichen Workshops, Ausstellungen, Aufführungen für Kinder und Konzerten. Der Palau de l'Agricultura erlebte eine ähnliche Transformation, er wurde nämlich Ende des 20. Jh. zum Sitz des Teatre Lliure und wurde in eine Anlage für darstellende Künste einbezogen, der den Mercat de les Flors und das Teatre Grec umfasst.

→
Seilbahn
Verbindet die Stadt mit dem Gipfel des Bergs, mit 84,5 Metern Höhenunterschied.

Mercat de les Flors

Rathaus des Poble Espanyol

Teatre Grec. 1923 auf einem Steinbruch erbaut.

Teatre Lliure auf dem Gelände des Palau de l'Agricultura

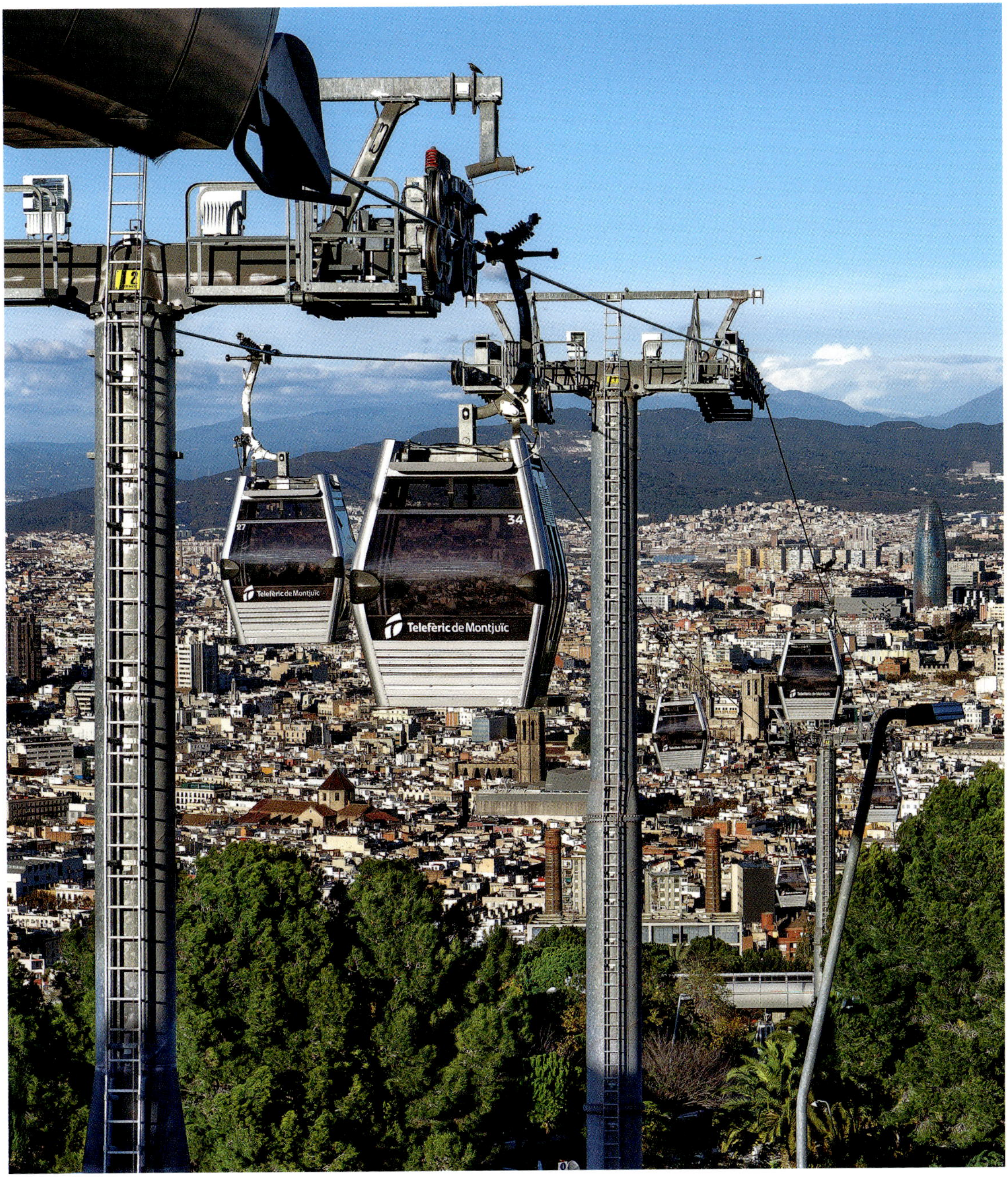
Telefèric de Montjuïc
Telefèric de Montjuïc
34
27

Der Berg der Museen

Der Montjuïc hat dank kultureller Einrichtungen wie der Joan Miró-Stiftung, dem Archäologischen Museum von Katalonien und der Mies van der Rohe-Stiftung eine wichtige kulturelle Verbindung zur Stadt aufgebaut.

Joan Miró-Stiftung. Dem Werk des barcelonischen Malers gewidmet. In einem Gebäude, das 1975 von Josep Lluís Sert erbaut wurde.

← **Museum für Völkerkunde.** Ausstellung mit mehr als 10.000 Objekten aus fünf Kontinenten.

→ **Archäologisches Museum**
In einem Pavillon der Weltausstellung 1929.

Ideale Umgebung
Durch die Austragung der Weltausstellung und der Olympischen Spiele konnte sich der Montjuïc als kulturelles Zentrum Barcelonas konsolidieren und wurde zum Sitz einiger der wichtigsten Museen der Stadt. Für sie war der Berg der perfekte Ort, um ihre Sammlungen auszustellen.

Mies van der Rohe-Pavillon

Olympischer Ring

Die Verwandlung des Montjuïc erreichte ihren Höhepunkt mit der Austragung der Olympischen Spiele 1992, einem Ereignis, das zum Bau neuer Infrastrukturen und der Nutzung bestehender Sportanlagen führte.

Großer Schauplatz

Das Projekt des Olympischen Rings – Folge des Urbanisierungsimpulses anlässlich der Weltausstellung – benötigte einen Teil des Bergs Montjuïc, um den Großteil der Aktivitäten der Olympischen Spiele 1992 aufnehmen zu können. Zu diesem Zweck wurde eine große Promenade angelegt, um die herum sich die verschiedenen Einrichtungen für die Veranstaltung befanden, teils neu errichtete – wie der Palau Sant Jordi, Sitz des Institut Nacional d'Educació Física de Catalunya und der Fernmeldeturm – sowie jene, die eigens für dieses Ereignis umgebaut wurden – das Olympiastadion und das Schwimmbad Bernat Picornell.

→
Sportsymbol
Die Anlagen des Olympischen Rings sind ikonisch gestaltet und bilden einen monumentalen Komplex.

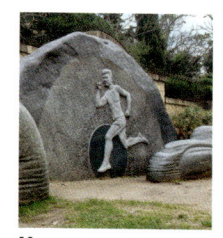

Hommenage an Hwang Young Jo
Zu Ehren des Athleten aus Südkorea, der 1992 den Marathon gewann.

Wagenlenker des Olympiastadions

Rennpferd

Griechisch-römischer Stil

Vorherige Olympiade
1936 sollte als Alternative zu den Olympischen Spielen des nationalsozialistischen Berlins in den Sportanlagen am Montjuïc eine Volksolympiade veranstaltet werden. Es schrieben sich ca. 5 000 Athleten ein, der Ausbruch des spanischen Bürgerkriegs verhinderte jedoch die Feier.

↓
Sitzreihen. Von Betonstreben gestützt. Sie wurden 1986 angebracht, um die Kapazität des Olympiastadions zu erhöhen.

136
METER
ist der Fernmeldeturm hoch, der von Santiago Calatrava entworfen wurde.

Eingangstor des Olympiastadions
Von römischen Triumphbögen inspiriert.

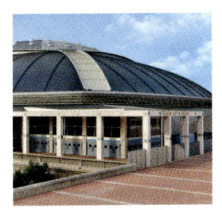

Palau Sant Jordi
Der Architekt Arata Isozaki entwarf diesen Mehrzweckpavillon für 17.000 Zuschauer.

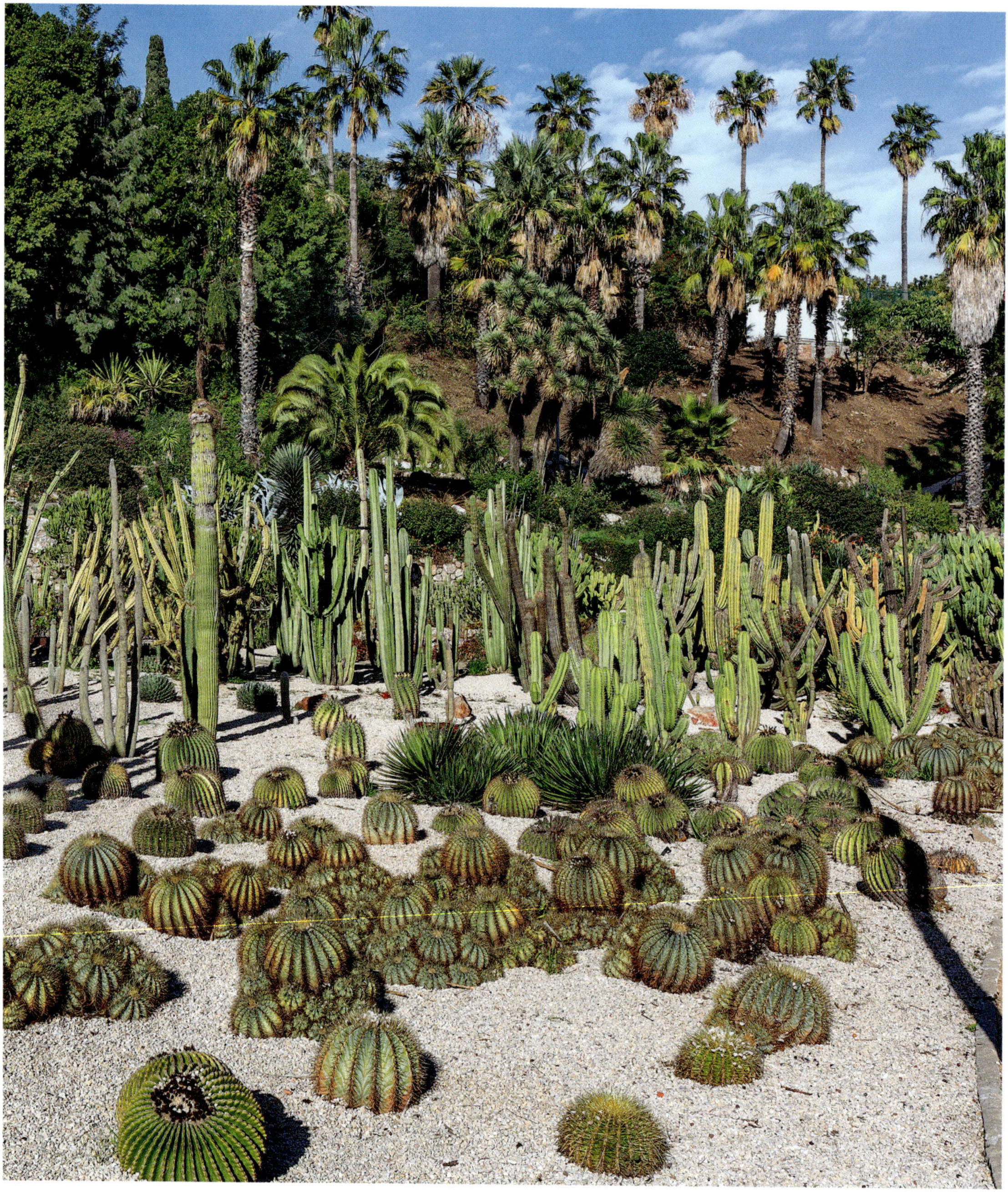

Friedhof am Montjuïc
Selbst bei seinen Gräbern strebte das gehobene Bürgertum Barcelonas nach viel Prunk. Dadurch erhielten sie einen hohen ästhetischen Wert.

↓
Jardins de Joan Maragall
Sie wurden um einen Palast für König Alfons XIII. angelegt.

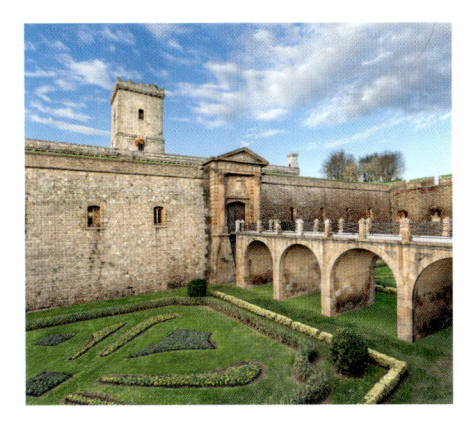

Schloss Montjuïc

Es entstand durch den Ausbau einer kleinen Steinfestung aus dem 17. Jh. auf dem Gipfel des Bergs. Es hat einen unregelmäßigen trapezförmigen Grundriss, der an die Topographie des Landes angepasst ist, mit einem Hauptplatz in der Mitte und Mauern, die von einem Burggraben umgeben sind.

Gärten

Neben dem Botanischen Garten - der typische Pflanzen des Mittelmeerklimas vereint - weist der Berg zahlreiche Grünanlagen auf, um den Einwohnern Barcelonas die Natur näher zu bringen, darunter die Gärten von Costa i Llobera, Mossèn Cinto Verdaguer und Laribal.

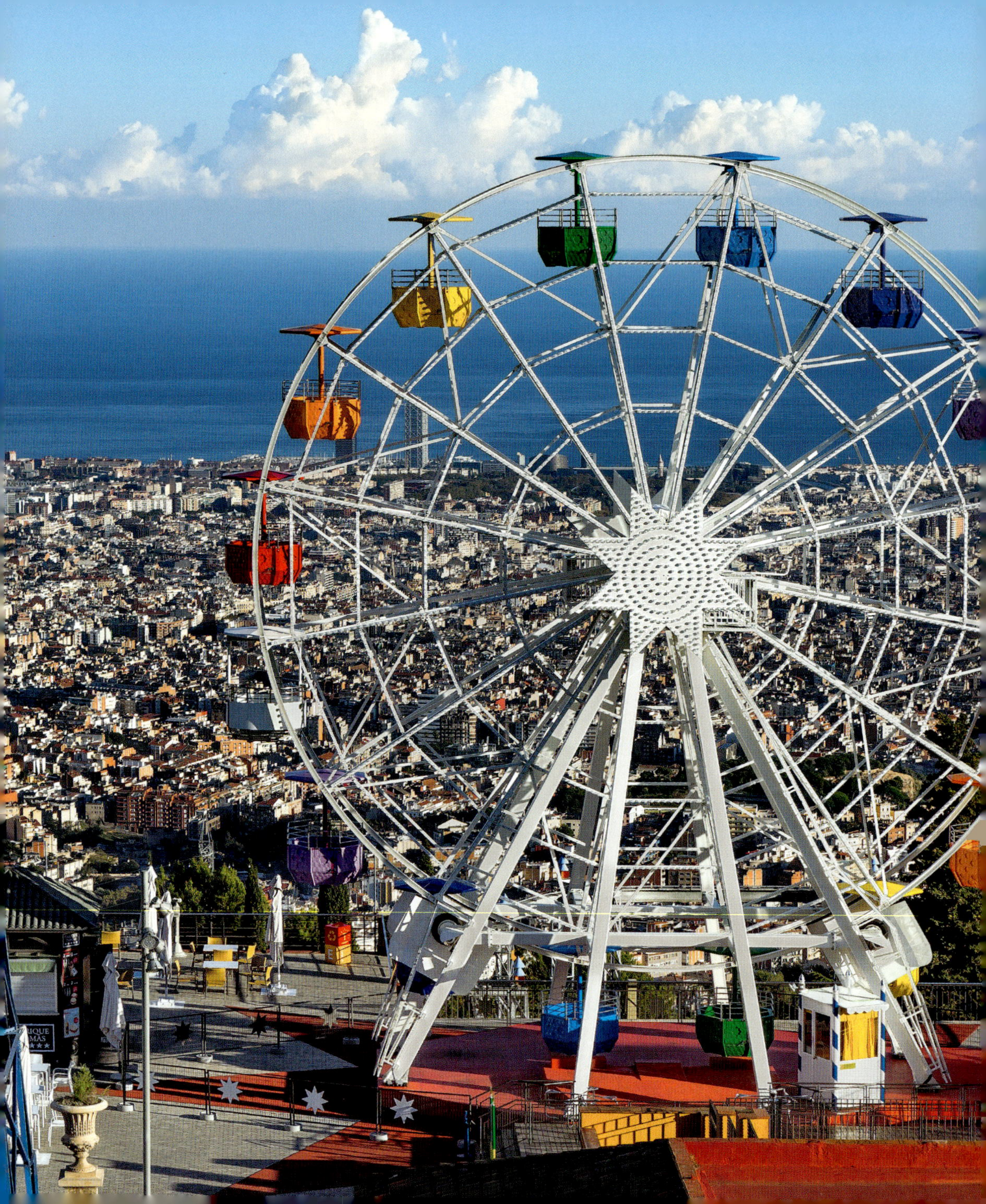

DER AUSSICHTSPUNKT DER STADT
Tibidabo und Zona Alta

6

Das Mttelgebirge Serra de Collserola - zwischen den Flüssen Besòs und Llobregat gelegen und mit dem Berg Tibidabo als Orientierungspunkt - bildet eine natürliche Grenze zwischen Barcelona und einem Teil ihrer ausgedehnten Metropolregion. Es grenzt das städtische Wachstum ein und dient als grüne Lunge. Der Bereich der Stadt, der diesem Gebirgszug am nächsten liegt, ist unter den Barcelonesen als Zona Alta bekannt. Sie umfasst ein heterogenes Gesamtgebilde aus Stadtteilen, von denen einige bis Anfang des 20. Jh. eigenständige Gemeinden waren. Obwohl sie von Barcelona eingenommen wurden, behalten Stadtteile wie Les Corts und Sarrià-Sant Gervasi noch immer ihr charakteristisches Ortsbild, das sowohl ihre ländliche Vergangenheit als auch die Tatsache verrät, dass sie ein beliebtes Ziel des gehobenen Bürgertums waren, das zwischen dem 19. und 20. Jh. zahlreiche modernistische Gebäude hier errichten ließ - wie es auch im Eixample geschah. Die Zona Alta, eine Wohngegend, hat ebenso eine wirtschaftliche und soziale Funktion, da sich um die Avinguda Diagonal herum die Finanzmächte der Stadt sowie universitäre Einrichtungen konzentrieren. Ihre weitläufigen Grünflächen werden für verschiedenste Arten von Freizeitaktivitäten genutzt.

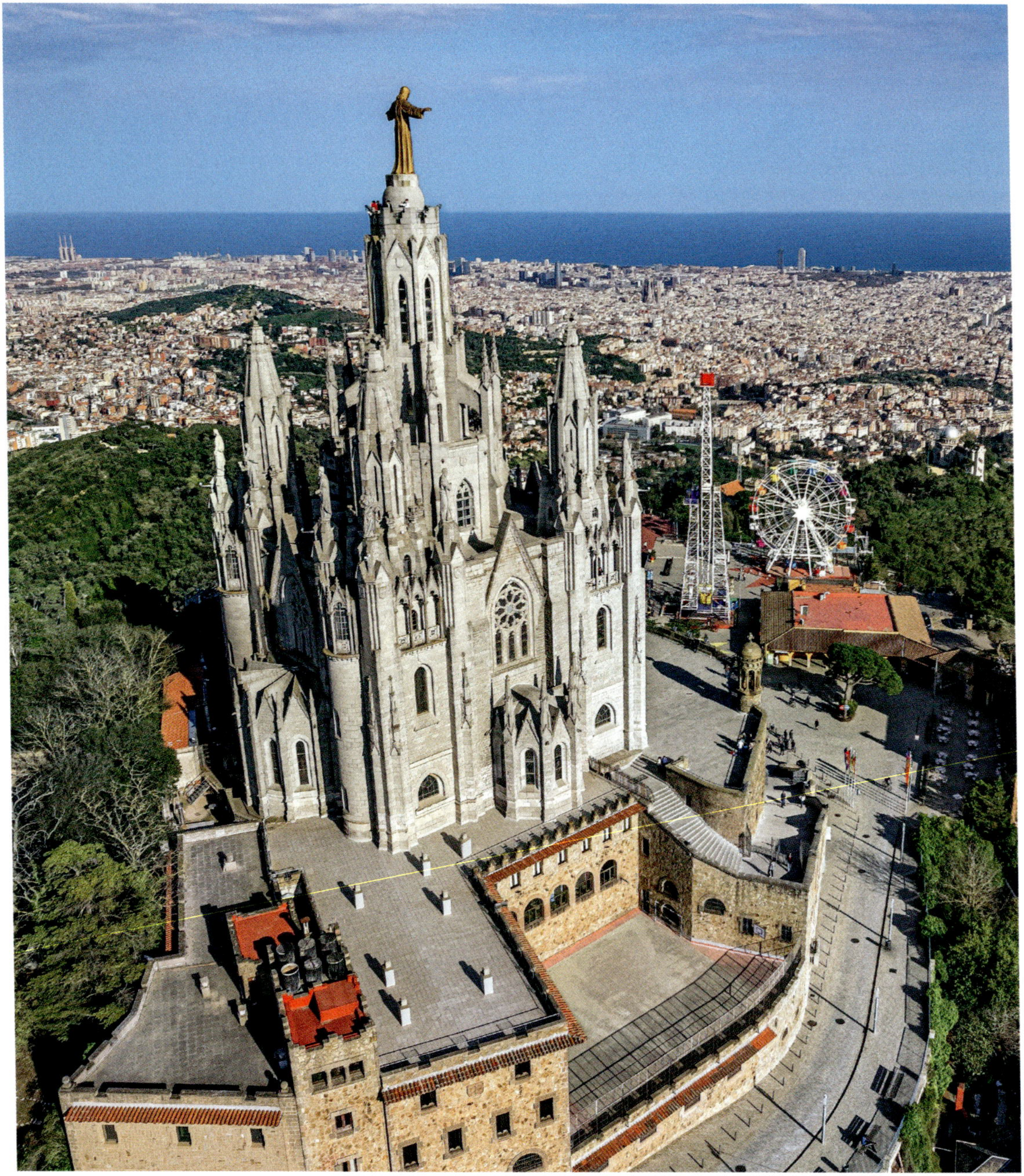

1904

IN JENEM JAHR
wurde das Fabra-Observatorium eröffnet. Werk von Josep Domènech i Estapà.

Seilbahn
Von Schweizer Zahnradbahnen inspiriert. Überbrückt eine Distanz von 1130 Metern.

Anbindung
Die Attraktionen des Tibidabo sind von der Stadt aus mit der Straßenbahn und der Seilbahn – aus dem Jahr 1901 – erreichbar.

← **Temple del Sagrat Cor**

→ **Wasserturm**
1902 von Josep Amargós entworfen, um den Vergnügungspark auf dem Tibidabo und die umliegenden Wohnhäuser mit Wasser zu versorgen.

Beliebtes Ziel bei der Bourgeoisie

Die Serra de Collserola wurde von Ildefons Cerdà bei seiner Planung des Eixample im Jahr 1859 außen vor gelassen. Erst 1899 begann sie, sich der Stadt zu öffnen, als der pharmazeutische Unternehmer Salvador Andreu einen Teil des Tibidabos erwarb, um Grundstücke für die Villen des gehobenen Bürgertums zu errichten, das die Nähe der Natur suchte. Neben dem Urbanisierungsprojekt wurde der Bau einer Straßenbahn und einer Seilbahn vorangetrieben, die eine bessere Anbindung der Wohngegend und die Nutzung des Bergs für Freizeitaktivitäten ermöglichten. Im Jahr 1902 wurde auf dem Berg ein Vergnügungspark eröffnet. Von da an gab es mehr Gebäude wie das Fabra-Observatorium, der Wasserturm und das Hotel La Florida, die dem Gelände einen neuen Nutzen verliehen.

Vergnügungspark. Das Riesenrad ist das Wahrzeichen des Geländes, das auf dem Tibidabo errichtet wurde, um seine Urbanisierung zu fördern.

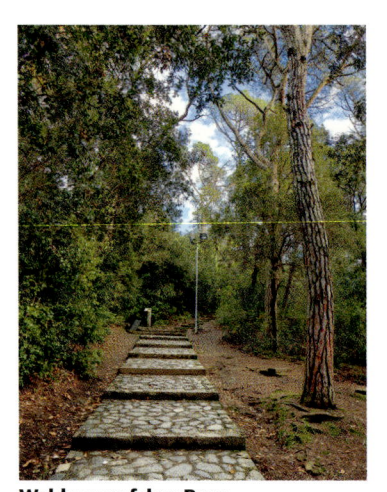

Waldweg auf dem Berg    **Hotel La Florida, im Jahr 1925 eröffnet**    **Turm von Collserola**

Fabra-Observatorium. Die von Domènech i Estapà gestaltete, 1904 eröffnete Einrichtung wurde in der Stadt rasch zum Symbol der Wissenschaft.

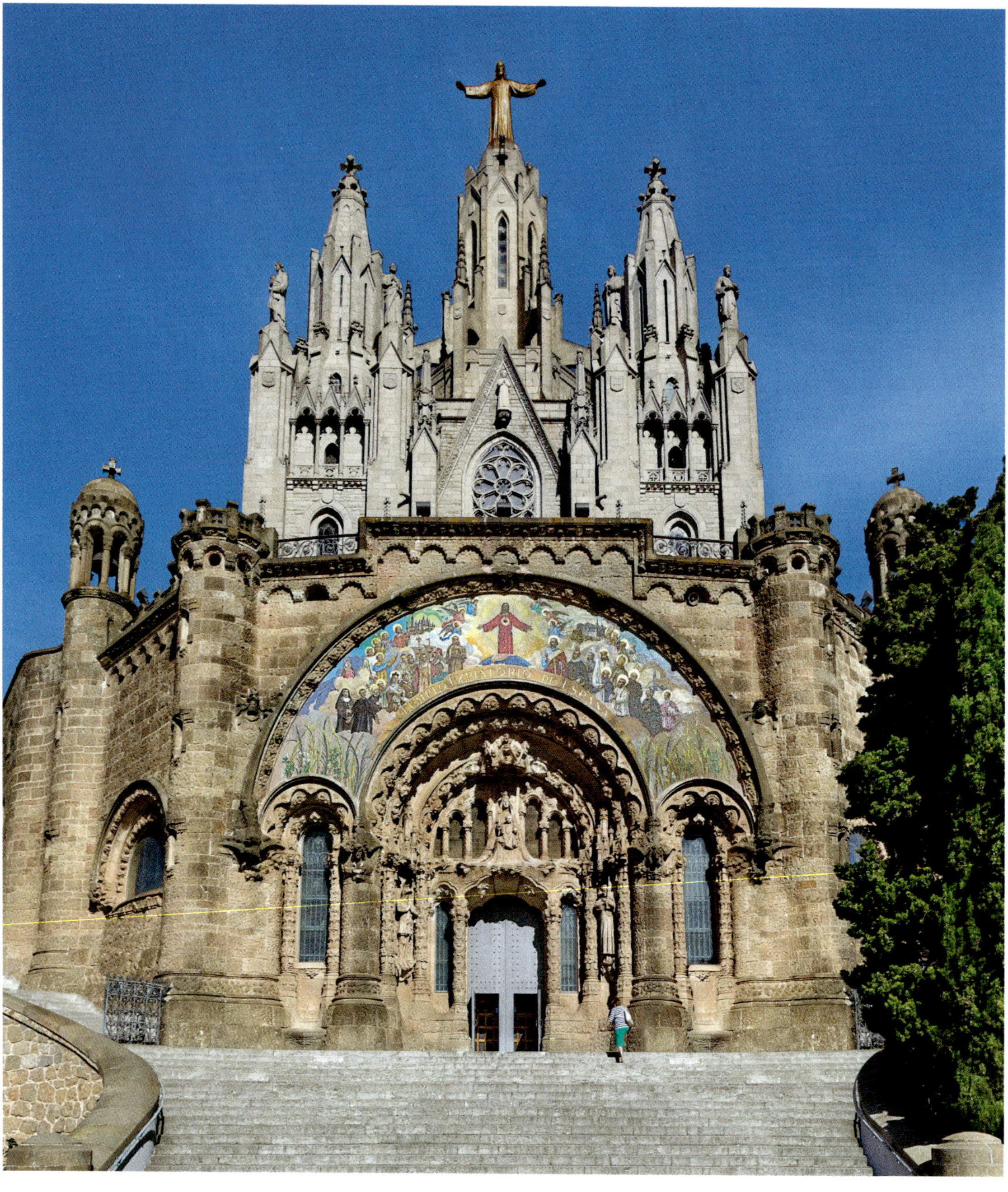

↓
Mosaik
1955 am Säulengang der Krypta angebracht. Zeigt berühmte historische Persönlichkeiten.

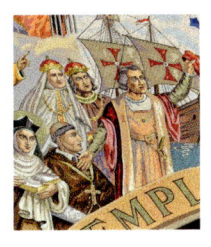

→
Krypta
Zwischen 1902 und 1911 erbaut. Sie besteht aus fünf Schiffen mit Apsiden, an denen allegorische Mosaike abgebildet sind.

Zinnen
Betonen den mittelalterlichen Charakter der Kirche.

Kuppel
Ihre Gestaltung ist von der frühchristlichen Architektur inspiriert.

Temple del Sagrat Cor

Die Kirche, die auf dem Tibidabo thront, ist von einem großen Teil der Stadt aus sichtbar. Sie besteht aus einer byzantinisch inspirierten Krypta und einer neugotischen Kirche, deren Bau mit Volksspenden finanziert wurde. Der Temple Expiatori del Sagrat Cor auf dem Gipfel des Tibidabo wurde auf einem Grundstück errichtet, das in der zweiten Hälfte des 19. Jh. von einer Gruppe katholischer Gläubiger erworben wurde, um dort den Bau eines Casinos und Freizeitzentrums zu verhindern. Im Jahr 1886 wurde das Land an den Gründer der Gemeinde der Salesianer, Don Bosco, abgetreten, der ein von der Herz-Jesu-Kirche in Rom inspiriertes Projekt plante, das schließlich vom Architekten Enric Sagnier übernommen wurde. Die 1902 begonnenen Bauarbeiten gingen bis 1961, als die große Jesusskulptur angebracht wurde, die den Komplex krönt.

FC Barcelona

Der Fußballverein ist aufgrund seiner Erfolge und Werte eine der bekanntesten Sporteinrichtungen der ganzen Welt. Sein Sitz liegt im Stadtteil Les Corts, wo sich auch das Stadion Camp Nou befindet.

Erfolgsgeschichte

Der FC Barcelona wurde 1899 von einer Gruppe begeisterter Fußballspieler unter der Leitung von Hans Gamper gegründet. Er erwarb schnell eine soziale Dimension, durch die er in immer größeren Stadien spielte, bis er sich endgültig im Stadion Camp Nou niederließ. Das 1957 vom Architekten Francesc Mitjans entworfene Stadion wurde zum Schauplatz der Heldentaten von weltweit berühmten Spielern wie László Kubala, Johan Cruyff, Diego Armando Maradona oder Leo Messi, die mit ihren Erfolgen zur Popularität eines Vereins beitrugen, der ein Wahrzeichen der Stadt und von ganz Katalonien geworden ist.

→
Camp Nou
Mit einer Kapazität von mehr als 99.300 Zuschauern ist es eines der größten Stadien in ganz Europa.

Wappen
1910 von Carles Comamala für einen Wettbewerb entworfen.

1992
IN JENEM JAHR gewann der FC Barcelona seinen ersten Europa-Cup.

✱
Farben. Blau und Dunkelrot sind seit seiner Gründung die Farben des Vereins.

←
Fans
Barça-Fans, Culés genannt, feiern die Erfolge an der Rambla.

Sitzreihen
Im Jahr 1957 wurden die beiden ersten Ebenen errichtet. Die dritte wurde anlässlich der Fußball-WM 1982 entworfen.

Bank
Das Camp Nou bietet jedweden Komfort wie diese Sessel, auf denen die Spieler sich während des Spiels ausruhen können.

✱
Museum des FC Barcelona
1984 unter dem Vorsitz von José Luis Núñez eingeweiht. Das Museum, das der Geschichte des Vereins gewidmet ist, wurde seit seiner Eröffnung mehreren Erweiterungsmaßnahmen unterzogen, um Platz für seine umfangreiche Sammlung zu schaffen. Es werden Kunstwerke zum Thema Fußball, Trikots sowie gewonnene Trophäen ausgestellt.

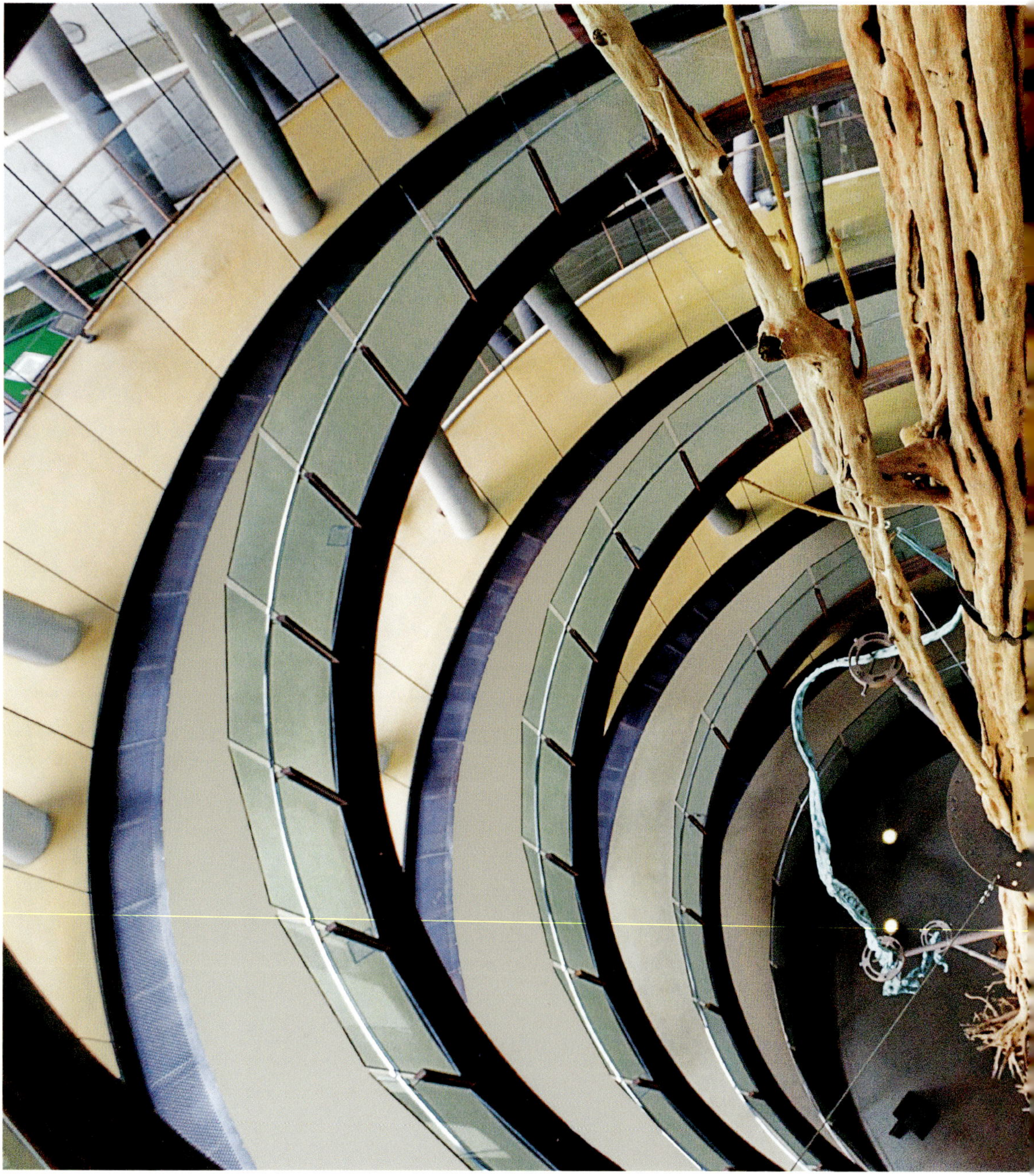

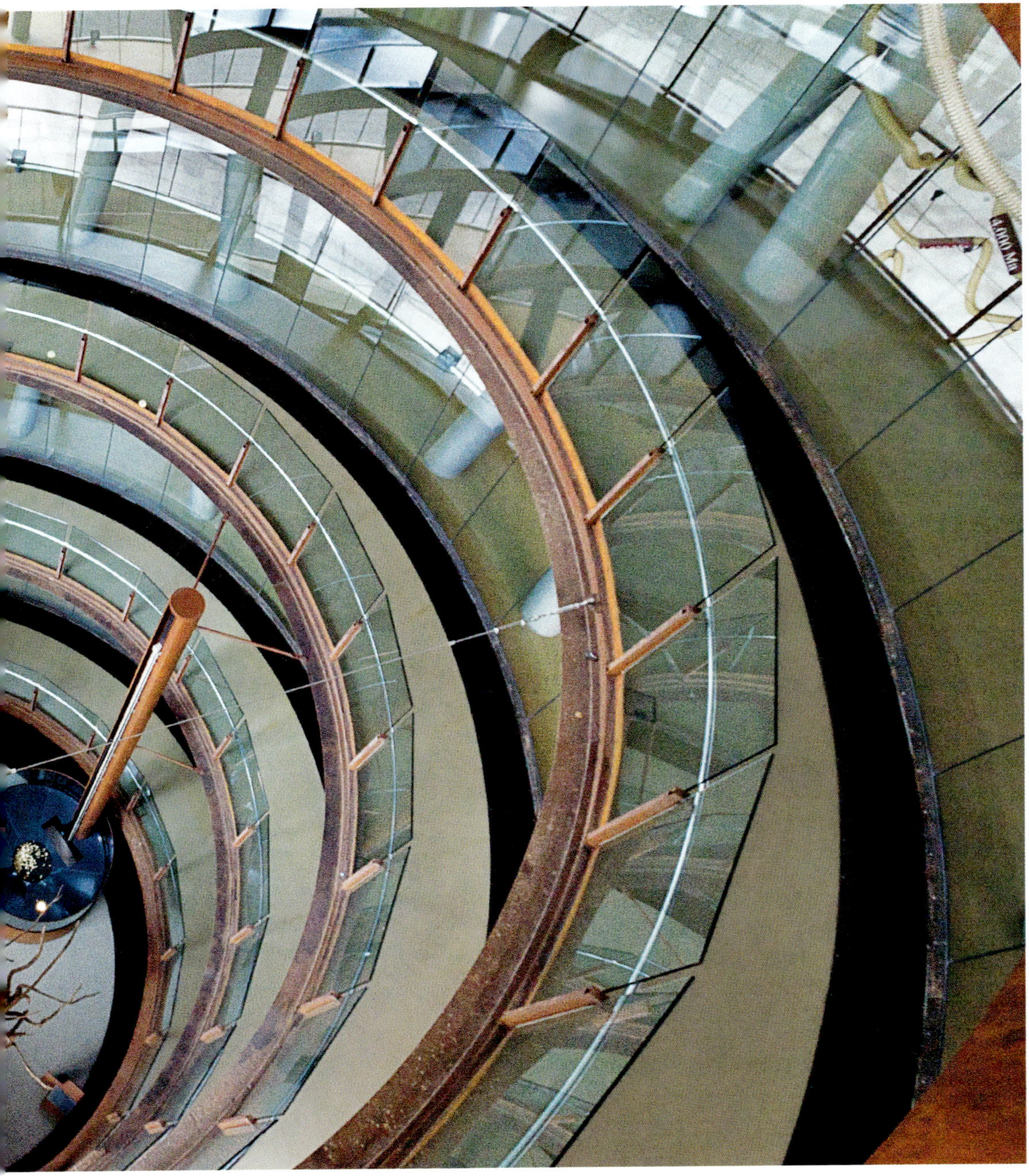

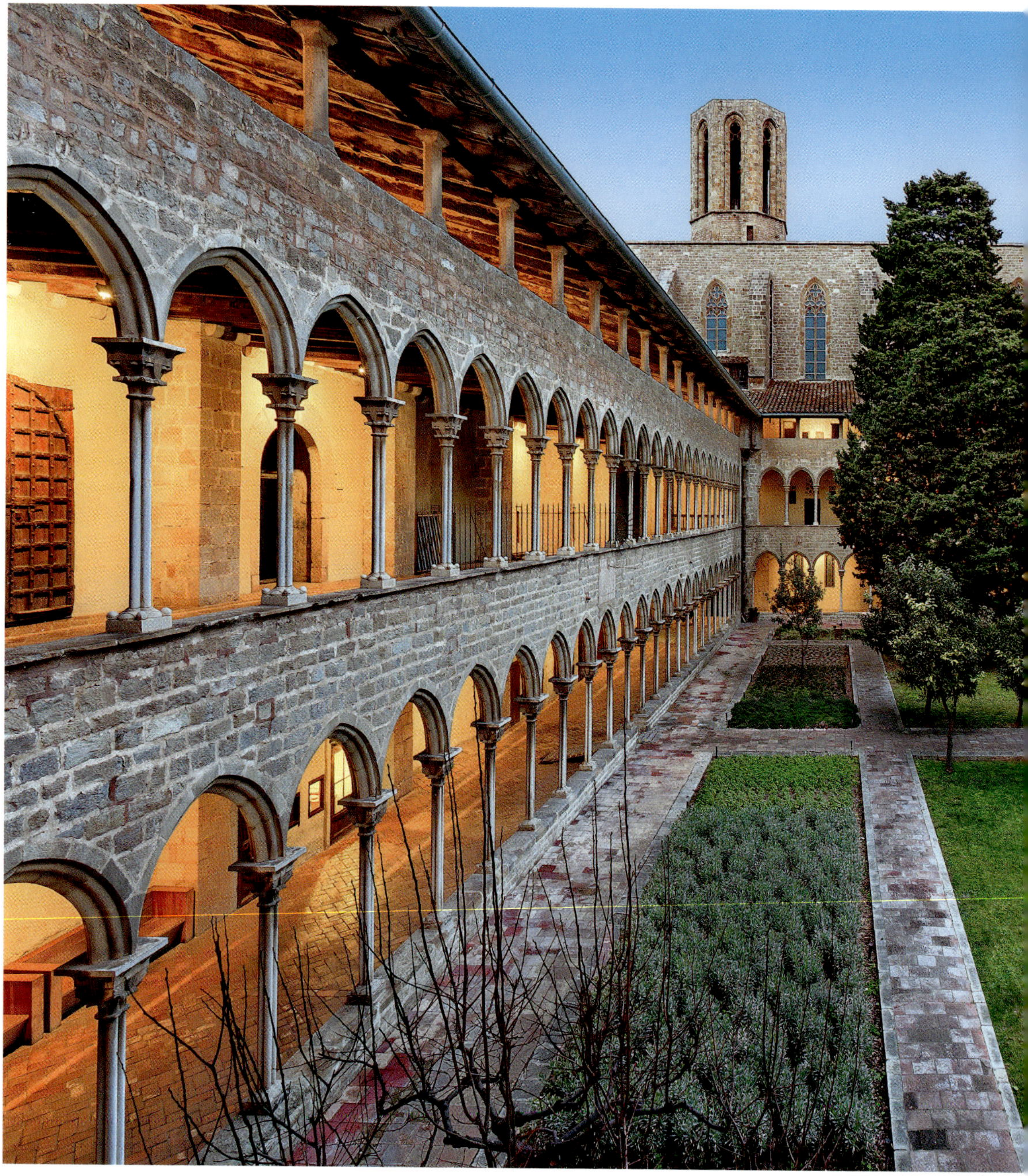

Vorherige Seite
CosmoCaixa
Das 2004 eröffnete Wissenschaftszentrum ermöglicht es, durch temporäre und permanente interaktive Ausstellungen Naturphänomene zu erleben und in die Entstehung des Universums einzutauchen.

←

Monestir de Santa Maria de Pedralbes
Es wurde 1327 von Königin Elisenda de Montcada gegründet. Das Gebäude, das dazu bestimmt war, die Nonnen des Ordens der Klarissen zu beherbergen, ist um einen rechteckigen und dreistöckigen gotischen Kreuzgang angelegt, von dem ein Seitenflügel an eine schlicht gestaltete Kirche angrenzt.

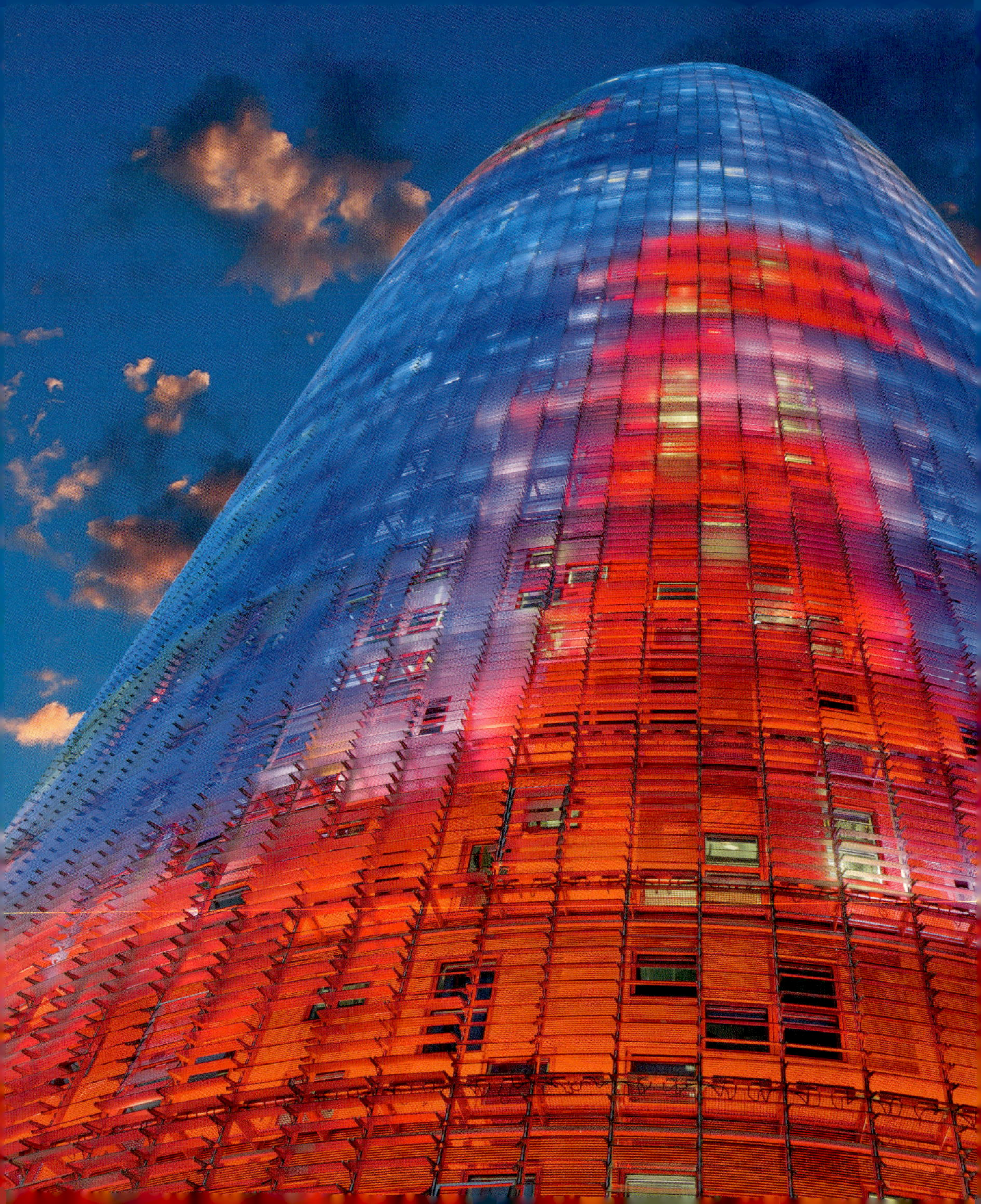

DIE VERWANDLUNG IM 21. JAHRHUNDERT
Das neue Barcelona

7

Dank der Austragung der Olympischen Spiele 1992 konnte Barcelona das umfassendste Renovierungsprojekt seit dem Abriss der mittelalterlichen Mauern und der Schaffung des Eixample durchführen, mit urbanistischen Eingriffen von großer Tragweite wie der Rückgewinnung des Küstengebiets und der Errichtung von großstädtischen Infrastrukturen. Nach diesem Modernisierungsprozess konnte sich Barcelona in der internationalen Szene als dynamische und attraktive Metropole behaupten und ihre Fähigkeit bezeugen, Tradition mit zeitgenössischer Kreation zu vereinen. Um die Positionierung ihrer Marke zu halten, hat sich die Stadt seit den Olympischen Spielen weiterentwickelt, durch die Austragung von Veranstaltungen von weltweiter Bedeutung – wie dem Weltkulturforum 2004, das die Rückgewinnung des Küstenstreifens vollendete – oder aber durch die Förderung von Raumplänen wie dem 22@, der ein veraltetes Industriegebiet in einen technologischen Bezirk verwandelte. Diese Reformen haben nicht nur das Stadtbild aufpoliert, sondern auch dazu geführt, dass Barcelona – wie damals beim Ausbruch des Modernismus – durch innovative Projekte von renommierten Architekten mit der künstlerischen Avantgarde zusammenarbeitete.

Der Technologiebezirk

Die im Bezirk 22@ errichteten Gebäude und Einrichtungen – Referenten der zeitgenössischen architektonischen Trends – haben ein Gebiet modernisiert, das bis zum Ende des 20. Jh. vom Rest der Stadt abgeschnitten war.

Antihaft-Oberfläche

Fassade an der Carrer Sancho de Ávila

Neuer zentraler Ort

Das von der Stadtverwaltung im Jahr 2000 genehmigte Projekt 22@ führte zur Verwandlung des Stadtteils Poblenou – das durch seine frühere industrielle Nutzung sehr heruntergekommen war – in ein innovatives Wirtschaftszentrum, das eng mit Informationstechnologien, Forschung, Wissen und Design verknüpft ist. Neben der Erweiterung der Avinguda bis hin zur Strandpromenade ermöglichte diese städtebauliche Initiative es auch, die im 19. Jh. von Ildefons Cerdà ausgeklügelten Ideen wieder aufzugreifen. Er sah damals in seinem Plan für das Eixample den heutigen Platz Plaça de les Glòries als neuen Mittelpunkt Barcelonas vor.

→
Media-TIC
Von Enric Ruiz-Geli erbaut. Es beherbergt Institutionen für technologisches Wissen und unternehmerische Innovation.

Sozialwohnungen
Im Jahr 2004 von den Architekten Manuel Gausa und Florence Raveau entworfen.

Straßenbahn
Seit 2004 in Betrieb. Verbindet die Plaça de les Glòries mit Badalona und Sant Adrià.

←
CMT-Gebäude
2010 fertiggestellt. Sein Gerüst aus Metalllamellen schützt die Büros vor der Sonne.

❶ Geometrisch gestaltetes Modul

❷ Metallstreben
Die Struktur, die das Gebäude stützt, erlaubt es, die Anordnung der Innenräume beliebig zu ändern.

Dach
Mit Sonnenkollektoren ausgestattet.

→ **Nationaltheater von Katalonien**
Bofill berief sich auf die griechischen Tempel.

2010
IN JENEM JAHR
wurde das Gebäude Media-TIC auf einem 3572 Quadratmeter großen Grundstück eingeweiht

→ **Can Jaumandreu**
Auf der rehabilitierten Industrieanlage steht nun die Offene Universität Kataloniens.

→ **Diagonal 123. Bürogebäude.** Werk von Dominique Perrault.

↓ **Urbanes Profil**
Avantgardistische Gebäude beherrschen die Viertel in Strandnähe.

183

Gebäude des Disseny Hub
Es wurde entwickelt, um Design-Institutionen dort unterzubringen. Sein kantiges Profil hebt sich vom voluminösen Turm Agbar ab.

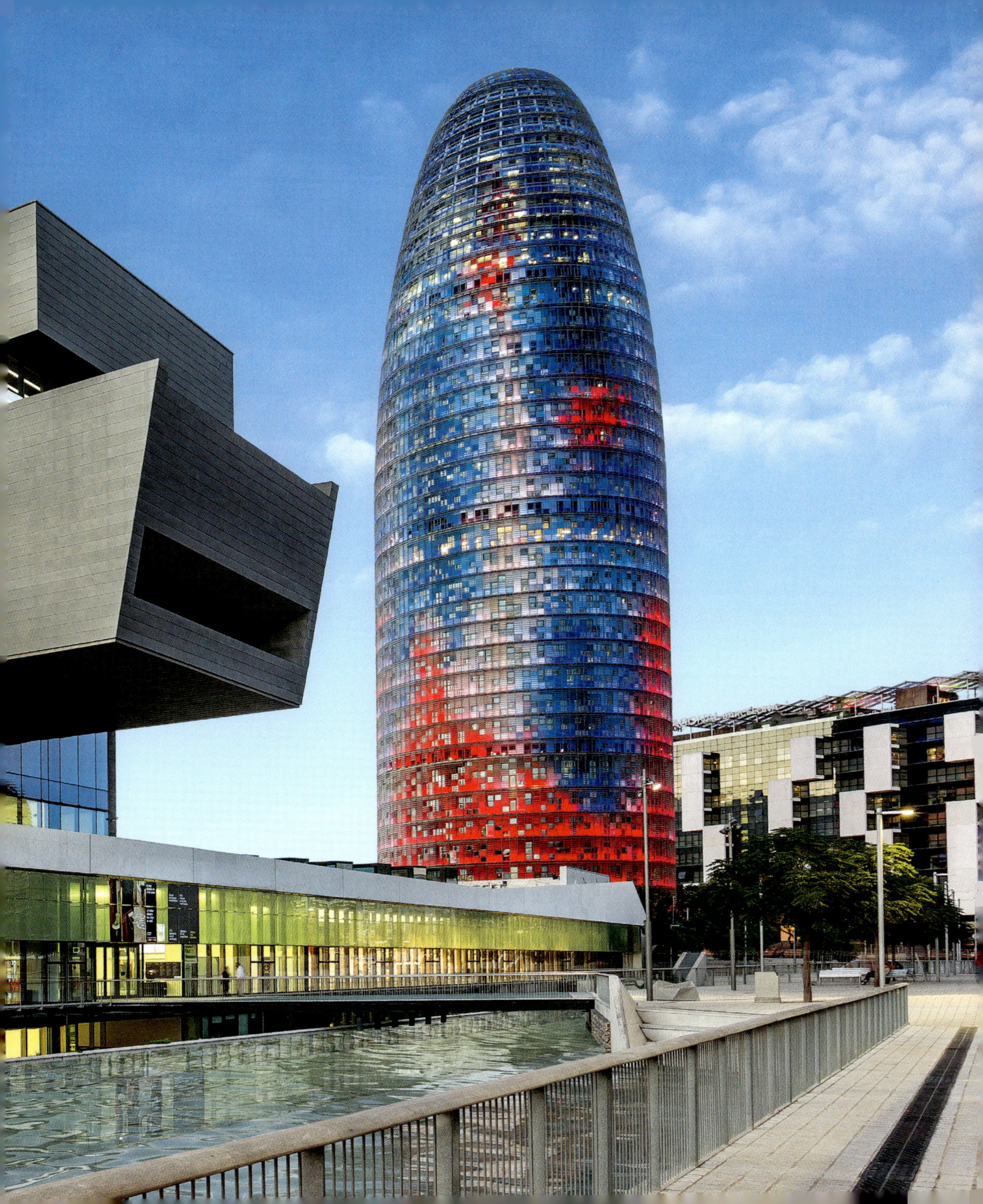

Vertikale Stadt

Wie alle anderen international ausgerichteten Metropolen hat auch Barcelona in ihr erneuertes Stadtgefüge plastisch gestaltete Gebäude aufgenommen. Sie sollen nun die neuen Wahrzeichen der Stadt werden.

← **Hotel Princess**
2004 von Óscar Tusquets erbaut. Die Nummer 1 an der Avinguda Diagonal besteht aus zwei durch eine Glasbrücke verbundenen Türmen.

❶ **Torre Marenostrum**

← **Plaça d'Europa**
Wirtschaftszentrum von Hospitalet de Llobregat. Von Büros und Hotels umgeben.

→ **Ciutat de la Justícia**
Sie ist der Sitz der Justizbehörden.

❷ **Diagonal Zero Zero**

❸ **Hotel Melià BCN Sky**

❹ **Hotel Santos Porta Fira**

❺ **Hotel Hesperia**

Die Erneuerung der Küste

Die politischen Maßnahmen zur Verschönerung der Stadt nach den Olympischen Spielen spiegeln sich im Umbau der Küste am Ende der Avinguda Diagonal wider.

Schutzdächer
Sie vereinen Funktionalität und Ästhetik, wie die meisten städtischen Installationen am Fòrum.

Der Fòrum-Effekt

Die Neugestaltung des Küstengebiets anlässlich der Olympischen Spiele ließ raumplanerische Herausforderungen wie die Sanierung des östlichsten Teils von Barcelona - einem der wenig genutzten Randgebiete der Stadt - offen. Dank der ersten Austragung des Weltforums der Kulturen im Jahr 2004 - einer internationalen Veranstaltung zur Förderung der nachhaltigen Entwicklung, des Dialogs und der kulturellen Vielfalt - konnte das gewünschte Stadtplanungsprojekt durchgeführt werden, das die Bewohnbarkeit dieser Gegend durch die Errichtung neuer Gebäude und öffentlicher Einrichtungen erheblich verbesserte.

Edifici Fòrum
Das Werk von Jacques Herzog und Pierre Meuron hat eine Dreiecksform und ist heute ein Naturwissenschaftsmuseum.

❶ Diagonal Mar
Dieser Stadtteil, der Wohn-, Bürogebäude und Hotels umfasst, ist eines der dynamischsten Wirtschaftszentren der Stadt geworden.

❷ Isla de la Luz
Drei Blöcke mit unterschiedlichen Höhen bilden die 2005 eröffnete Wohnanlage.

← **Park für biomedizinische Forschung**

1996
IN JENEM JAHR entwarf die Stadtverwaltung von Barcelona die Idee, ein Weltforum der Kulturen auszurichten.

❸ Parc Diagonal Mar
Der zweitgrößte Park Barcelonas wurde von Enric Miralles und Benedetta Tagliabue auf der Grundlage von Nachhaltigkeitskriterien konzipiert.

Vollendung der Av. Diagonal
Dank der räumlichen Änderungen anlässlich der Feier des Fórums wurde die Funktion der Av. Diagonal als Rückgrat der Stadt gestärkt. 1999 reichte sie bis zum Meer. Jetzt ist sie 10 km lang und durchquert die gesamte Stadt.

Die Transformation der Märkte

Um mit den großen Einkaufszentren konkurrieren zu können und sich den ändernden Bedürfnissen der Verbraucher anzupassen, wurden die städtischen Märkte in den letzten Jahren grundlegend modernisiert. Eines der besten Beispiele hierfür ist die Antiquitätenmesse Encantes, die zum ersten Mal im Jahr 2013 auf der Plaça de les Glòries stattfand. Märkte wie Santa Caterina und Barceloneta, zu deren im 19. Jh. erbauten Originalgebäuden neue Elemente hinzugefügt wurden, sind ebenso herausragende Beispiele für diesen Trend.

↑
Mercat dels Encants
Das von dem Architektenstudio b720 Fermín Vázquez Arquitectos entwickelte Projekt behält den öffentlichen Charakter des Straßenmarkts bei.

Mercat Barceloneta. 2007 nach einem Projekt des Architekten Josep Miàs umgestaltete Markthalle.

Mercat Santa Caterina. Erbaut im Jahr 1844 und renoviert im Jahr 2005 unter der Leitung von Enric Miralles und Benedetta Tagliabue.

BILDBANDAUSGABE BARCELONA

KONZEPT UND LEITUNG:
CARLOS GIORDANO UND NICOLÁS PALMISANO

VERSION
© DOS DE ARTE EDICIONES, S.L., BARCELONA, 2024

TEXTE
LEITUNG UND KOORDINIERUNG:
DOS DE ARTE EDICIONES, S.L.,
REDAKTION: DANIEL R. CARUNCHO
ÜBERSETZUNG: BIANCA GEIKE
© DOS DE ARTE EDICIONES, S.L., BARCELONA, 2024

FOTOS
AUTOREN: CARLOS GIORDANO UND NICOLÁS PALMISANO
© DOS DE ARTE EDICIONES, S.L., BARCELONA, 2024

DAVON AUSGENOMMEN DIE FOLGENDEN FOTOS:
• SEITE 9 (KÖNIGLICHE WERFTEN), 183 (URBANES PROFIL).
© IAKOV FILIMONOV, DREAMSTIME.COM
• SEITE 10-11, 59, 74-75. © SONGQUAN DENG/SHUTTERSTOCK.COM
• SEITE 44. © MIHAI-BOGDAN LAZAR, DREAMSTIME.COM
• SEITEN 51 (DRACHENSTATUE) © ZASLAVSKY OLEG, DREAMSTIME.COM
• SEITEN 53. © MISTERVLAD/SHUTTERSTOCK.COM
• SEITEN 60, 188-189. © RFARFOTOS/SHUTTERSTOCK.COM
• SEITE 63 (MOLL DE LA FUSTA). © JORISVO, DREAMSTIME.COM
• SEITEN 65 (WORLD TRADE CENTER), 71 (KREUZFAHRTTERMINAL). © PORT DE BARCELONA / JORDI DOMINGO
• SEITE 66 (KÖNIGLICHE WERFTEN) © TYPHOONSKI, DREAMSTIME.COM
• SEITE 67. © BAMBI L. DINGMAN, DREAMSTIME.COM
• SEITE 70 (HANDELSHAFEN) © PORT DE BARCELONA / RAMON VILALTA
• SEITE 70 (CONTAINER). © PLOTNIKOV, DREAMSTIME.COM
• SEITE 71 (FISCHEREIHAFEN). © ANIBAL TREJO, DREAMSTIME.COM
• SEITE 76 (OLYMPISCHER HAFEN). © DMYTRO SHEVCHUK/SHUTTERSTOCK.COM
• SEITE 80 (LUFTAUFNAHME) © SIQUI SÁNCHEZ
• SEITE 94-95, FOTOGRAFIEN: CARLOS INSENSER, 115 (PLAKAT STADTVERWALTUNG BARCELONA) MUSEU DEL MODERNISME DE BARCELONA
• SEITE 114 (PLAKAT ANÍS DEL MONO). VON DER OSBORNE-GRUPPE ÜBERLASSENES FOTO
• SEITE 115 (CHAMPAGNE CODORNÍU). © CODORNÍU
• SEITE 118 (OBEN, LINKS). © YORY FRENKLAKH/SHUTTERSTOCK.COM
• SEITEN 126, 140, 141, 142, 143. © CASA BATLLÓ S.L. UNTER LIZENZ DES EIGENTÜMERS
• SEITEN 150-151 (ITALIENISCHER EINFLUSS). © KAVALENKAVA/SHUTTERSTOCK.COM
• SEITEN 151 (MNAC). © COLORMAKER/SHUTTERSTOCK.COM
• SEITE 153 (MAGISCHER BRUNNEN). © STEVE ALLEN, DREAMSTIME.COM
• SEITE 158 (TEATRE GREC). © FELIX LIPOV/SHUTTERSTOCK.COM
• SEITE 158 (MERCAT DE LES FLORS). © JOAN BAUTISTA. SHUTTERSTOCK.COM
• SEITE 161. © PEPO SEGURA – FUNDACIÓ MIES VAN DER ROHE
• SEITE 162 (SPORTSYMBOL) © MARC PUIG PASARRIUS
• SEITEN 163 (SITZREIHEN). © JUAN MOYANO, DREAMSTIME.COM
• SEITE 168. © VUNAV/SHUTTERSTOCK.COM
• SEITE 169 (WASSERTURM). © FRANTIC00/SHUTTERSTOCK.COM
• SEITE 170. © BOULE13, DREAMSTIME.COM
• SEITE 172, 173 ARCHITEKTONISCHES WERK © TEMPLE DEL TIBIDABO
• SEITE 174 (FANS). © CHRISTIAN BERTRAND, DREAMSTIME.COM
• SEITE 175 (BANK). © STEVENG1892, DREAMSTIME.COM
• SEITE 175 (SITZREIHEN). © CHRISTIAN BERTRAND, DREAMSTIME.COM
• SEITE 174-175. © GERMÁN PARGA / FC BARCELONA
• SEITE 176. © COSMOCAIXA / SIQUI SÁNCHEZ
• SEITE 179 (FASSADE). © JOAN_BAUTISTA/SHUTTERSTOCK.COM
• SEITE 183 (AUDITORIUM). © BOJAN BOKIC, DREAMSTIME.COM
• SEITE 183 (CAN JAUMANDREU). © PAVEL ADASHKEVICH/SHUTTERSTOCK.COM
• SEITE 191 (UNTEN RECHTS). © LUISPINAPHOTOGRAPHY/SHUTTERSTOCK.COM

AGRADECIMIENTOS
AYUNTAMIENTO DE BARCELONA
BASÍLICA DE LA SAGRADA FAMILIA
CAIXAFORUM
CASA AMATLLER
CASA BATLLÓ
CASA LLEÓ I MORERA
CENTRO DE CULTURA CONTEMPORÁNEA DE BARCELONA
EL BORN CENTRE CULTURAL
ELS QUATRE GATS
FUNDACIÓ CATALUNYA - LA PEDRERA
FÚTBOL CLUB BARCELONA
GENERALITAT DE CATALUNYA
GRAN TEATRO DEL LICEO
HOSPITAL DE LA SANTA CREU I SANT PAU
HOSTEL KABUL
HOTEL COLÓN
HOTEL ESPAÑA
HOTEL W BARCELONA
HOTEL HILTON DIAGONAL MAR
INSTITUT RAMON LLULL
MANUEL SAYRACH
MONESTIR DE PEDRALBES
MUSEU DEL MODERNISME DE BARCELONA
MUSEO NACIONAL DE ARTE DE CATALUÑA
MUSEO DE HISTORIA DE BARCELONA
MUSEO PICASSO DE BARCELONA
OBSERVATORIO FABRA, REAL ACADEMIA DE CIENCIAS Y ARTES DE BARCELONA
PABELLÓN MIES VAN DER ROHE
PALAU DE LA MUSICA CATALANA
POBLE ESPANYOL, WWW.POBLE-ESPANYOL.COM
PORT DE BARCELONA
PORT FÒRUM SANT ADRIÀ
TEMPLO EXPIATORIO DEL SAGRADO CORAZÓN DE JESÚS DEL TIBIDABO

ILLUSTRATIONEN
• SEITE 8 (PETRONELLA UND RAIMUND). ÖLGEMÄLDE AUS DEM JAHR 1634, KOPIE EINES ORIGINALS VON FILIPPO ARIOSTO AUS DEM JAHR 1586
• SEITE 8 (PRIVILIGIERTE LAGE). STICH AUS DEM 18. JH., AUTOR: FRANÇOIS-ANTOINE AVELINE
• SEITEN 12, 24, 106. AUTOR: ANXO MIJÁN.
© DOS DE ARTE EDICIONES, S.L., BARCELONA, 2024
• SEITEN 36, 120, 128, 144.
AUTOR: ANTONIO FERNÁNDEZ R. SALAZAR.
© DOS DE ARTE EDICIONES, S.L., BARCELONA, 2024
• SEITEN 84 (AUFRISS).
AUTOR: CRISTINA FIGUEROA IZQUIERDO
© DOS DE ARTE EDICIONES, S.L., BARCELONA, 2024
• SEITE 136. AUTOR: JULIÁN DE VELASCO
© DOS DE ARTE EDICIONES, S.L., BARCELONA, 2024
• SEITE 154. AUTOR: LAURA LLIMÓS AICART
© DOS DE ARTE EDICIONES, S.L., BARCELONA, 2024

www.dosde.com

AUSGABE 2024
SKU 20-034-04 / 2
ISBN 978-84-9103-291-5
DL B 3024-2023

Deustch

PEFC zertifiziert
Dieses Produkt stammt aus nachhaltig bewirtschafteten Wäldern und kontrollierten Quellen
PEFC/14-38-00200
www.pefc.es

REPRODUKTION, VERBREITUNG, VERÖFFENTLICHUNG UND MANIPULATION DIESES BUCHS ALS GANZES ODER IN AUSZÜGEN SIND OHNE VORHERIGE SCHRIFTLICHE GENEHMIGUNG DER INHABER DER ENTSPRECHENDEN URHEBERRECHTE UNTERSAGT. VERSEHENTLICH NICHT AUFGEFÜHRTE EIGENTÜMER VON BILDRECHTEN WERDEN GEBETEN, SICH AN DEN HERAUSGEBER ZU WENDEN.